Maria Luisa de Mattos Priolli

Doutor em Música e Catedrático de Harmonia Superior e
Teoria Musical pela Universidade Federal do Rio de Janeiro -
Associate Teacher do Trinity College of Music of London

HARMONIA

DA CONCEPÇÃO BÁSICA A EXPRESSÃO CONTEMPORÂNEA

DE ACORDO COM O PROGRAMA DE HARMONIA DA ESCOLA
DE MÚSICA DA UNIVERSIDADE FEDERAL DO RIO DE JANEIRO

1º VOLUME
11ª Edição
2019

EDITORA CASA OLIVEIRA DE MÚSICAS LTDA.
RUA DA CARIOCA, 70 - TEL.: 2508-8539 - RIO DE JANEIRO - RJ

*Deixamos registrada nesta obra toda a nossa experiência de 40 anos dedicados ao ensino desta fascinante matéria – **Harmonia**.*

Procuramos usar a maior clareza e simplicidade possíveis no modo de expor os assuntos, bem como, metodizar o seu encaminhamento para facilitar o aprendizado.

Aí se encontram os conhecimentos fundamentais, para uma correta e bem feita harmonização, desembaraçados do rigor excessivo que atrofia a idéia da criação harmônica.

***Renovar sempre**, é o nosso lema. Todavia, sem exageros e inconveniências que façam soar falsa a idéia do **bem fazer** e, sem deturpar o que realmente significa a atualização dos princípios da **Harmonia** moderna, que refletem uma concepção harmônica moldada no espírito da época em que vivemos.*

A AUTORA
Outubro de 1979
RIO

Copyright 1976 by Casa Oliveira de Música Ltda. - Rio de Janeiro - BRASIL
MARIA LUÍSA DE MATTOS PRIOLLI

HARMONIA
Da Concepção Básica a Expressão Contemporânea

1º VOLUME

INDICE

Págs.

Apresentação	6
Noções de Fraseologia	8
Unidade 1 (Movimento melódico)	16
Unidade 2 (Movimento harmônico)	18
Unidade 3 (Cifragem dos acordes no estado fundamental —Supressão de notas – Unissono – Cruzamento – Conservação de notas comum)	20
Unidade 4 (5as e 8as diretas — 5as e 8as consecutivas)	25
Unidade 5 (Notas atrativas — Resolução por tendência atrativa nos encadeamentos VII-I, V-VI e V-I)	30
Unidade 6 (Realização do Baixo Dado)	33
Unidade 7 (Acorde de 6ª — Acorde de 6ª do II grau)	35
Unidade 8 (Acorde de 4ª e 6ª)	39
Unidade 9 (Acorde de 4ª aumentada e 6ª)	44
Unidade 10 (Harmonia a 4 vozes)	46
Unidade 11 (Dobramento de notas nos acordes de 5)	47
Unidade 12 (Dobramento de notas nos acordes de 6)	49
Unidade 13 (Dobramento de notas nos acordes de 4ª)	53
Unidade 14 (Dobramento de notas nos acordes de 4ª aum. e 6ª)	55
Unidade 15 (Mudanca de posição dos acordes)	57
Unidade 16 (Cadências Harmônicas)	62
Unidade 17 (Escolha de acordes — Cifragem do baixo)	70
Unidade 18 (Marchas Harmônicas)	77
Unidade 19 (Harmonia Dissonante Natural)	80
Unidade 20 (Acorde de 7ª da Dominante)	82
Unidade 21 (Canto Dado)	89
Unidade 22 (Acorde de 7ª da Sensível e de 7ª Diminuta)	95
Unidade 23 (Acorde de 9ª Maior e menor da Dominante)	104
Unidade 24 (Modulação aos Tons vizinhos)	111

Unidade 25	(Acordes de 7ª e 9ª sobretrinica)	117
Unidade 26	(Acordes de empréstimo)	121
Unidade 27	(Resolução suspensa dos acordes disson. naturais)	123
Unidade 28	(Acordes de 7ª Juntada)	126
Unidade 29	(Modulação aos Tons Próximos)	130
Unidade 30	(Resolução Excepcional dos acordes dissonantes)	137
Unidade 31	(Falsa Relação)	144
Unidade 32	(Cadência Evitada)	148
Unidade 33	(Marchas formadas corn acordes de 7ª)	150
Unidade 34	(Harmonização cromática unitônica)	158
	Cantos e Baixos Dados Variados	159

Apresentação

Ao escrever este compêndio – em 2 volumes – tivemos a preocupação de abordar toda a matéria compreendida no estudo da **HARMONIA**, fazendo-o com clareza e objetivamente.

Naturalmente que, sendo a **HARMONIA** uma espécie de gramática do estudo da **COMPOSIÇÃO,** tivemos que tratá-la também sob o aspecto tradicional, para poder consolidar uma base que deve ser firme e bem alicerçada. Entretanto, mostramos paralelamente que, certas resoluções, bem comum, certos encadeamentos e condições harmônicas já foram superadas por outras situações que, sem ferir o bom efeito do conjunto harmônico, podem e devem ser atualizadas, para não estagnar uma arte que segue, dia a dia, a evolução do tempo.

A **Música** teve, durante séculos, desenvolvimento relativamente lento, embora acompanhando o avanço do progresso das artes plásticas e do "modus vivendi" de geração após geração.

A Renascença foi um verdadeiro alvorecer para as artes em geral, e daí veio a **Música** criando uma desenvoltura que a trouxe ao mesmo plano de expansão das demais artes.

Não podemos aceitar nos dias de hoje, um estudo de **HARMONIA** calcado exclusivamente nas bases do velho **Contraponto** da Idade Média.

A **HARMONIA** deve ser tanto quanto possível **contrapontada,** no que tange ao sistema de imitações, dialogando as vozes e, ao mesmo tempo, dando a cada voz, em particular, uma independência comprovada. Não se deve pois, considerar apenas o **BAIXO e a voz mais aguda** (geralmente o Soprano) como **vozes cantantes,** e deixar as outras vozes relegadas ao complemento harmônico.

Todas as vozes do **CORAL** têm a sua importância relativa, a cada qual cabendo a vez de liderar a melodia em evidência. É esta a autêntica **HARMONIA CONTRAPONTADA**

Quanto às velhas regras, austeras, proibitivas (como as famosas 5as e 8as, e outras mais), não devem ser **todas** abolidas definitivamente, mas, recolocadas em plano mais ameno, mais livre, e mais aberto.

Assim, serão aceitas todas as normas que venham valorizar esta expressiva forma de construção musical – o **CORAL,** isto é, aprovando e fazendo uso de novas licenças e mais ainda, não as proibindo simplesmente porque estes ou aqueles Tratados as regeitam.

Tais licenças serão aqui amplamente esclarecidas, e explicado o motivo pelo qual deixam de ser regeitadas; poderão ser então bem recebidas e postas em prática.

Como vimos, todas as recomendações que aqui consignamos dizem respeito à **HARMONIA VOCAL.**

Na **HARMONIA INSTRUMENTAL** o campo é muito mais livre e assim, a liberalidade do conteúdo harmônico da obra deve ser condizente com a concepção musical da época.

Sendo o estudo da **HARMONIA** o primeiro passo para a **Composição** (arte criativa), a **HARMONIA** deve dedicar-se amplamente ao desenvolvimento da capacidade inventiva, que logo se revela na criação de melodias.

Julgamos pois conveniente, antes de entrarmos na matéria da **HARMONIA** propriamente dita, desenvolver no estudante o gosto e o manejo da composição de melodias.

Eis porque decidimos dedicar às "Noções de Fraseologia" o primeiro capítulo desta obra.

À guisa de esclarecimento, lembramos que neste 1º Volume será estudada a **Harmonia Vocal básica,** ou seja, o alicerce harmônico que fortalecerá o esquema das grandes estruturas musicais.

Foi revogado, entretanto, o rigor excessivo. A **Harmonia** já está aí revestida de maior expansão, abrindo trilha para perspectivas mais amplas e mais adequadas às iniciativas e concessões que vêm proporcionar a penetração em área sonora mais desoprimida, mais dilatada.

Todavia, neste Volume, para cimentar os fundamentos indispensáveis ao bom harmonista, serão trabalhados todos os acordes naturais e os acordes artificiais, cujo conhecimento não pode faltar a uma sólida preparação para o uso futuro de combinações harmônicas mais arrojadas.

Eis porque, os acordes aqui estudados são exclusivamente formados por notas reais.

As notas melódicas, oriundas do contraponto florido, bem como os acordes alterados, e outras agregações mais complexas de lídimo sabor contemporâneo, constituirão o conteúdo do 2º Volume desta obra.

A autora.

NOÇÕES DE FRASEOLOGIA

Estrutura da frase musical (Célula – Motivo – Cesura – Inciso – Grupo – Membro de frase – Período – Cadência – Medida da frase – Tésis e ársis – Ictus – Anacruse – Inícios e Terminações Frase unitônica e modulante)

A estrutura da **frase musical** pode ser comparada à estrutura da **frase literária.** Ambas têm os seus elementos básicos de formação.

Assim como a frase literária consiste numa reunião de palavras formando sentido completo, também a **frase musical** outra coisa não é senão um conjunto de sons ritmados, apresentando, igualmente, sentido musical definido. Nela encontramos os seguintes elementos:

Célula
O menor elemento da estrutura musical.

Motivo
Desenho constituído por duas ou mais células (Dá-se também o nome de **motivo** à ideia predominante na obra).

Cesura
Significa o corte entre dois elementos. A **cesura** pode ser representada por uma **pausa** ou mesmo pela simples ideia de respiração.

Inciso
Pequeno grupo de notas (formando uma ideia de pequeno porte) geralmente intercalada entre **cesuras**.

Grupo
É a reunião de dois ou mais **incisos**. Também quando o **inciso** apresenta proporções mais amplas, e assume maior importância no contexto da frase musical recebe o nome de **grupo**.

Membro de frase
É a maior parcela na subdivisão da **frase**. Possui sentido mais ou menos definido, podendo ser formado por um só bloco inteiriço ou por dois ou mais **grupos**.

Período
Período é um conjunto de frases, e tem sentido musical absoluto.

Algumas vezes o **período** é constituído por uma única frase, mais ou menos longa.

O **período** é assim classificado: **simples**, quando formado por uma única frase; **binário**, se tem duas frases; **ternário**, se tem três frases; **quaternário**, se tem quatro frases. Os **períodos de** mais de quatro frases pertencem, geralmente, a peças de grande vulto e serão estudados no **Curso de Morfologia Musical**.

O **período formado** por uma só frase tambem poderá ser classificado **como binário, ternário ou quaternário,** caso possa ser a frase desmembrada em **elementos regulares.**

Cadência

Chama-se **cadência à** sensação de repouso na terminação de uma frase ou membro de frase.

As **cadências** se classificam como: **melódicas ou harmônicas.**

As **cadências melódicas,** como seu próprio nome indica, restringem-se, exclusivamente, ao sentido melódico da frase.

As **cadências melódicas** podem ser: **suspensivas** e **conclusivas.**

São **suspensivas** aquelas que não dão ideia de repouso definitivo e aparecem, conseqüentemente, no decorrer do período.

São **conclusivas** as cadências que fazem sentir um repouso decisivo e ocorrem no final do período.

As **cadências harmônicas** são simultâneas com as melódicas, mas dependem dos acordes sobre os quais elas repousam. Essas **cadências** estão ligadas ao **sentido harmónico** da frase, daí a denominação particular que virão a ter. Serão tratadas oportunamente, em uma das próximas unidades.

Analisemos o seguinte trecho para exemplificação do que foi dito:

Trata-se de um **período ternário** (formado de 3 frases). A **1ª frase** (4 compassos) termina com **cadência suspensiva.** A **2ª frase** (4 compassos) está subdividida em dois **membros de frase** (de 2 compassos cada um), terminando ambos os membros com **cadência suspensiva.** A **3ª frase** (4 compassos), termina com **cadência conclusiva.** Esta última **cadência** serve também de **conclusão do período.**

Metro da frase

A frase é medida pelo número de elementos que entram na sua formação. É chamada **frase regular** ou **irregular.** Vários são os elementos capazes de dar à frase essa classificação **(regular** ou **irregular).** Usaremos para esse fim a **contagem do número de compassos.**

Se a frase tiver **número par** de compassos será **regular**. A **frase regular** pode ser de **duas** espécies:
   a) – **quadrada** - quando formada por 4 compassos ou qualquer número múltiplo de 4 (8, 12, 16, etc.). Exemplo: todas as frases do trecho anterior (formadas por 4 compassos cada uma).
   b) – **não quadrada** – quando formada por quantidade de compassos cujo número não obedeça à contagem observada na espécie anterior. Isto é, tem número par de compassos, não sendo esse número múltiplo de 4 (6,10, 14, etc. compassos),
Exemplo:

Se a **frase** tiver **número ímpar** de compassos será **irregular**.
Exemplo:

Contudo, se várias frases formadas por número ímpar de compassos se sucedem, consecutivãmente, sempre com o mesmo número de compassos, e constituem um período, estas frases serão consideradas **regulares por simetria**. Isto, em consequência da uniformidade com que se sucedem.

Também os **membros de frase** servem, frequentemente, como elemento de contagem para determinar a **regularidade** ou **irregularidade** das frases.

Tésis e Ársis – Ictus
Em todos os compassos os **tempos fortes** são chamados Tésis. Os **tempos fracos** denominam-se **Ársis**.

Na construção musical todo elemento independente, seja ele **frase, membro de frase,** ou qualquer outro elemento (ainda que mais curto que o **membro de frase**) recebe, genericamente, a denominação de **ritmo.**

Ictus é o nome dado ao **primeiro tempo forte (1ª tésis)** e ao **último tempo forte (última tésis)** de um ritmo. Assim sendo, os **íctus** são chamados – **íctus inicial** e **íctus final.**

Anacruse

Anacruse é o nome que se dá à nota ou às notas que precedem o íctus inicial de um ritmo

Inícios rítmicos:

Quanto ao **início** os **ritmos** são chamados:

a) – **Tético** – quando começa em tempo forte, isto é, quando a primeira nota da frase coincide com a primeira **tésis** (1º Tempo Forte), ou seja com o **íctus inicial.**

b) – **Anacrústico** (ou **protético**) – quando começa em **anacruse.** isto é, quando há uma ou mais notas antes do **íctus inicial** (antes do 1º tempo forte).

HARMONIA - Da Concepção Básica À Expressão Contemporânea

Quando se faz a contagem dos compassos de uma **frase anacrústica,** observa-se que a **anacruse** não entra na contagem. Assim, considera-se sempre como primeiro compasso de uma frase aquele no qual recai o **íctus inicial.**

Esta **frase anacrústica** que acabamos de exemplificar é pois, constituída de 4 compassos.

c) – **Acéfalo** (ou **decapitado**) – quando está desprovido do **íctus inicial,** isto é, quando o compasso iniciado por uma pausa de curta duração, e a melodia principia, geralmente, em fração de tempo.

Nota: A **melodia** está desprovida do **íctus inicial,** uma vez que, não se sente o apoio da **tésis;** todavia, o **íctus inicial** poder vir marcado no **baixo,** ou seja, no acompanhamento.

Terminações rítmicas

Quanto **terminação** os ritmos são chamados:

a) – **Masculino** – quando termina em tempo forte, isto quando a última nota do ritmo coincide com a **última tésis.** No **ritmo masculino** a última nota recai sobre o **íctus final.**

b) – **Feminino** quando o ritmo termina em tempo fraco ou parte fraca de tempo, ou seja, em **ársis** (depois do **íctus final**).

c) – **Decaudado** (sem cauda) quando o ritmo é desprovido do **íctus final**. A **última tésis** é substituída por pausa. O íctus final pode, contudo, vir marcado no baixo (no acompanhamento).

Frase unitônica e frase modulante
Frase unitônica é aquela construída inteiramente num só tom. Todas as frases que, até aqui, serviram de exemplo são **unitônicas**. **Frase modulante** é aquela que contém modulações no seu decorrer.

Os **períodos** são também **unitônicos** ou **modulantes**.
Façamos a análise do trecho seguinte, observando os elementos de fraseologia que estudamos aqui.

É um período unitônico (em Dó menor) quaternário (composto de 4 frases), sendo todas as **frases quadradas** (4 compassos cada uma).
    1ª frase – Subdividida em **dois membros** (de 2 compassos cada). Ambos os membros são **anacrústicos,** tendo o primeiro membro terminação **masculina** e, o segundo, **feminina**. Duas **cadências suspensivas**.

2ª frase – Tética e masculina. **Cadência suspensiva.**

3ª frase – Anacrústica e feminina. **Cadência suspensiva.**

4ª frase – Subdividida em 2 membros (de 2 compassos, cada). Ambos os membros são téticos e femininos. Duas **cadências**, sendo suspensiva a do 1º membro da frase e **conclusiva** a do 2º membro.

A análise que fizemos abrange apenas noções de **fraseologia.**

A **fraseologia musical** com todos os seus detalhes pertence ao estudo de **Morfologia Musical.**

EXERCÍCIOS

1 – De acordo com o que estudamos analise os seguintes trechos:

UNIDADE 1
MOVIMENTO MELÓDICO (Composição de melodias escolares)

Movimento ou passo melódico – é o nome que se dá ao movimento de passagem de um som para outro.

A **melodia** consiste numa sucessão de movimentos melódicos ajustados ao ritmo. A **melodia** pode ser **vocal** ou **instrumental**. Estudaremos aqui as regras de composição cde **melodias escolares** para **vozes**.

Na composição destas melodias são permitidos os seguintes intervalos:

    Semitons cromáticos
    2as maiores e menores
    3as maiores e menores
    4as e 5as justas
    6as maiores e menores
    8as justas.

Para os intervalos de 7ª Maior e menor há algumas restrições. É permitido, entretanto, quando a primeira nota do intervalo for a última de uma frase e a segunda nota for a primeira da frase seguinte.

Os intervalos diminutos serão permitidos quando fizerem movimento descendente sobre uma nota sem repouso, isto é, sobre uma nota que peça continuidade da melodia.

Desses intervalos, os mais usados são os de 4ª e 5ª diminuta fazendo movimento descendente sobre a sensível (VII grau) e esta resolvendo logo sobre a tônica (I grau) ou depois de passar pela supertônica.

O intervalo aumentado permitido é o de 2ª aumentada que se encontra do VI grau para o VII grau do modo menor, com resolução idêntica a essa que acabamos de citar.

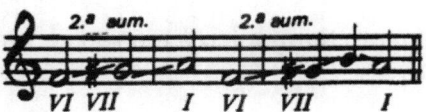

EXERCÍCIOS

1 – Marcar com X os movimentos melódicos não permitidos.

2 – Compor melodias empregando os tons e o número de compassos pedidos; usar somente os intervalos permitidos; e observar as regras da fraseologia estudadas na unidade anterior.

a) Dó Maior, 8 compassos.
b) Lá Menor, 8 compassos.
c) Ré Maior, 6 compassos.
d) Ré Menor, 12 compassos.

UNIDADE 2
MOVIMENTO HARMÔNICO

Dá-se o nome de **movimento harmônico** à reunião de vários movimentos melódicos praticados simultaneamente.

Um **conjunto harmônico** é pois uma série de **movimentos harmônicos** sucessivos.

Quando o conjunto harmônico é **vocal** toma o nome de **coro**.

Todas as regras aqui estudadas podem ser aplicadas aos **coros** a 3 ou 4 vozes, ou seja, são regras da **harmonia** a **3** ou **4 vozes**. Num **coro** as vozes também são chamadas **partes,** daí dizer-se também, **harmonia a 3** ou **a 4 partes**.

Numa **realização harmônica** ou seja, num **coro, a voz mais aguda** e **a voz mais grave** são chamadas **vozes** ou **partes extremas;** as **vozes centrais** são chamadas **vozes** ou **partes intermediárias**.

Soprano (parte extrema) – 1ª voz
Contralto (parte intermediária) – 2ª voz

Tenor (parte intermediária)- 3ª voz
Baixo (parte extrema) – 4ª voz

Os **movimentos harmônicos** são de três espécies:
Direto - quando as vozes caminham na mesma direção, isto é, ambas sobem ou descem.

Contrário – quando as vozes caminham em sentido oposto, isto é, enquanto uma sobe a outra desce.

Oblíquo – quando uma das vozes sustenta ou repete a mesma nota, ou faz permuta de 8ª, enquanto a outra voz sobe ou desce.

Desses três movimentos os melhores, para uma realização correta e elegante, são o **contrário** e o **oblíquo**. Os intervalos atingidos por movimento **contrário** ou **oblíquo** são sempre bons.

O movimento **direto** produz, muitas vezes, intervalos rejeitados no conjunto harmônico. Os intervalos que requerem mais cuidado no seu emprego são os intervalos de 5ª e 8ª, os quais, **quando atingidos** por **movimento direto,** são chamados **5ª direta** e *8ª* **direta**.

EXERCÍCIOS

1 – Indique os vários **movimentos harmônicos entre todas as partes** nas seguintes sucessões de acordes:

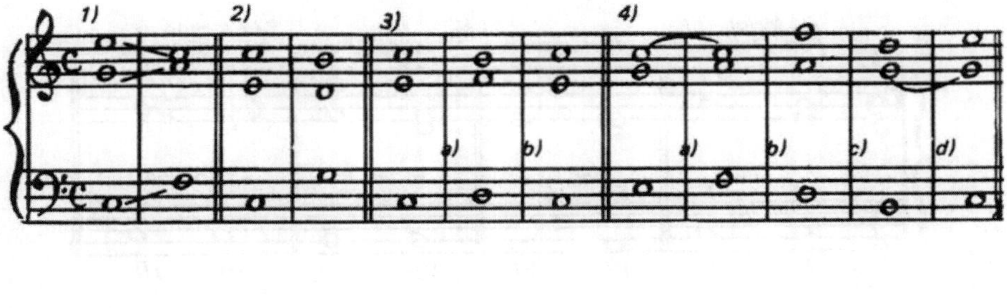

Modelo: 1) baixo e soprano – **movimento contrário.**
baixo e contralto – **movimento direto.**
contralto e soprano – **movimento contrário.**

UNIDADES 3
CIFRAGEM DOS ACORDES DE 3 SONS NO ESTADO FUNDAMENTAL- SUPRESSÃO DE NOTAS NOS ACORDES - UNÍSSONO - CRUZAMENTO - CONSERVAÇÃO DE NOTAS COMUNS

Cifragem:

Em um **conjunto harmônico vocal,** ou seja, em um **coro,** a voz mais grave (seja ela qual for) toma o nome de **baixo.**

Para designar a disposição das notas dos acordes (ora no estado fundamental, ora no estado invertido) segundo se apresentam no conjunto harmônico, são colocados algarismos acima ou abaixo das notas do baixo. Tais **algarismos** referem-se aos intervalos que devem ser feitos com o baixo e cujas notas vêm completar os acordes que compõem o **coro.**

A esta representação dos acordes por meio de algarismos dá-se o nome de **cifragem.**

Cifragem dos acordes de 3 sons no estado fundamental:

Para designar um acorde de 3 sons — **Perfeito Maior** ou **Perfeito Menor,** no **estado fundamental** — coloca-se sobre qualquer nota que esteja em função de **baixo** o algarismo **5**; este algarismo (5) indica a nota que forma com o **baixo** intervalo de 5ª justa, ficando naturalmente subentendida a nota que forma a 3ª do acorde.

Os **acordes de 5ª diminuta** são cifrados com 5̸.

Os **acordes de 5ª aumentada** são cifrados com +5, isto é, levam à esquerda do 5 uma pequena cruz (+), indicando que a 5ª do acorde, será a **sensível** do tom a que pertence o acorde de 5ª aumentada.

O acorde de 5ª aumentada (+5) não é usado na harmonia a 3 partes e é usado com menos frequência que os demais, na harmonia a 4 partes.

Observações:

a – A cruz (+) ao lado de qualquer algarismo indica que a nota que formar com o baixo o intervalo designado pela cifragem, é sempre a **sensível** do Tom.

b – Quando um **baixo** não tem cifragem subentende-se a cifragem 5.

c – Quando a 3ª do acorde deve ser alterada coloca-se o sinal da alteração conveniente abaixo do 5, ou apenas o sinal da alteração.

d – Usa-se, com frequência o acorde do III grau do modo menor, porém, **sem a 5ª aumentada,** isto é, em vez da sensível (7º grau alterado) emprega-se a **subtônica** (da escala melódica descendente) que forma com o III grau uma 5ª justa.

Supressão de notas nos acordes

As realizações harmônicas têm, às vezes, por conveniência, necessidade de suprimir uma nota nos acordes de 3 sons. Neste caso, a nota que se suprime é a 5ª, e **nunca** a 3ª. Isto se dá nos **acordes perfeitos** (5). Já nos acordes de 5ª diminuta (5̸) esta licença não é permitida, pois, sem a 5ª, este acorde perde a sua particularidade, que é a 5ª **diminuta.**

Na harmonia a 3 partes, usa-se dobrar o **baixo ou a 3ª de acorde** quando só suprime a 5ª. Quando se dobra o **baixo** a cifragem é **8**.

A cifragem 8 é usada somente na harmonia a 3 partes. Subentende-se que o acorde está **incompleto,** ou seja, sem a 5ª e com o **baixo dobrado** (repetido uma ou duas 8ªˢ acima).

Uníssono:

Chama-se **uníssono** uma nota cantada simultaneamente por duas vozes diferentes.

O uníssono só é permitido em vozes contíguas e sendo **rigorosamente** observadas as seguintes normas:
a – **o uníssono** deve ser atingido por movimento **contrário** ou **oblíquo.**
b – **o uníssono** deve resolver por movimento **contrário** ou **oblíquo.**

O uníssono não deve ser atingido, nem resolver, por **movimento direto.**

Cruzamento

Dá-se o **cruzamento** quando uma voz faz ouvir notas mais graves que outra voz que lhe é imediatamente inferior no conjunto harmônico, ou quando uma voz faz ouvir notas mais agudas que a outra voz que lhe é imediatamente superior.

O cruzamento das vozes é proibido na harmonia escolar.

Conservação de notas comuns.

No encadeamento de dois acordes que contenham **notas comuns,** usa-se, sempre que possível, conservar na mesma voz as **notas comuns** (em **movimento oblíquo**). Esta não é, entretanto, norma absoluta.

É conveniente conservar a extensão das vozes dentro dos limites das **vozes corais**, ou seja:

Sempre que possível as vozes contíguas devem guardar entre si o intervalo máximo de uma 8ª, ou seja, não deve haver entre essas vozes intervalo composto. Em caso de extrema necessidade, se esta norma não puder ser observada, as vozes que ultrapassarem o intervalo de 8ª devem voltar o mais rapidamente possível aos intervalos simples. Somente o **baixo** não está sujeito a esta condição.

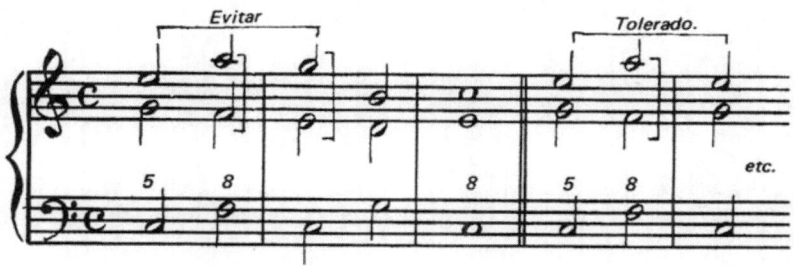

EXERCÍCIOS

1 – Completar os acordes de acordo com a cifragem:

2 – Encadear os grupos de acordes conservando as notas comuns:

UNIDADE 4
5ᵃˢ e 8ᵃˢ DIRETAS PERMITIDAS
5ᵃˢ e 8ᵃˢ CONSECUTIVAS

Como vimos na unidade 3 (**Movimento Harmônico**) os intervalos de 5ª e de 8ª são os que demandam mais cuidados no seu emprego, para alcançarmos uma realização eufônica e elegante. Quando atingidas, por movimento **contrário** ou **oblíquo,** a 5ª e a 8ª fazem sempre bom efeito.

Quando atingidas por movimento **direto,** para produzirem bom efeito, exigem sejam observadas certas condições. Vejamos:

5ª direta permitida nas partes extremas:

a) – quando for atingida por **semitom** na **parte superior.**

b) – quando vier sobre a **tônica** (I grau) ou sobre a **dominante** (V grau) a 5ª dispensa o semitom e pode ser atingida por **intervalo de tom na parte superior.**

c) – quando a 5ª recair sobre a subtônica, ou seja, 5ª do acorde do III grau do modo menor (na forma melódica descendente), fará bom efeito se for atingida por intervalo de **tom** na parte superior.

d) – quando o acorde sobre o qual recai a **5ª** possui duas notas comuns com o acorde anterior. Isto se dá quando as fundamentais dos acordes se encadeiam por 3ᵃˢ descendentes. Neste caso, a parte superior dispensa o grau conjunto (tom ou semitom) e pode saltar uma 3ª.

As notas que entram na formação desses dois acordes se ajustam como um acorde de 7ª (ré – fá – lá – dó). Daí o bom efeito dessa 5ª direta (ré-lá) que parece resultante da combinação das notas de um só acorde.

8ª direta permitida nas partes extremas:

A **8ª direta** requer **semitom na parte superior,** ainda mesmo que seja sobre a tônica ou sobre a dominante.

NOTA: Mais adiante, o desenvolvimento do estudo da Harmonia nos proporcionará outras boas disposições que permitirão condições mais amplas para o emprego da 8ª direta.

5ª direta e 8ª direta nas partes intermediárias:

Qualquer 5ª ou 8ª formada por uma parte extrema e uma parte intermediária é considerada 5ª ou **8ª em parte intermediária** e observam-se as normas aplicadas às **partes intermediárias**.

A 5ª **direta e 8ª direta** são permitidas nas **partes intermediárias**.

a) quando uma das partes (a mais aguda ou a mais grave) que formam a 5ª ou a 8ª, for atingida por grau conjunto (indiferentemente tom ou semitom).

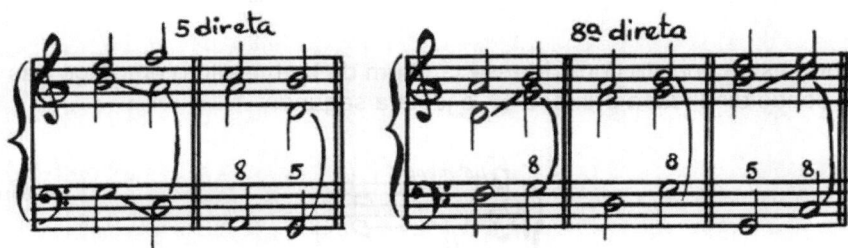

b) Também é permitida a 5ª **direta** em parte intermediária quando uma das duas notas que formam a 5ª já foi ouvida no acorde anterior.

5ªs e 8ªs consecutivas

Chamam-se **5ªs e 8ªs consecutivas** duas ou mais 5ªs, e duas ou mais 8ªs seguidas nas mesmas partes, sejam elas atingidas por movimento direto ou contrário. As **5ªs e 8ªs consecutivas,** geralmente, não produzem bom efeito harmónico. Eis porque seu uso é restrito.

Todavia, as **5ᵃˢ consecutivas** são permitidas quando a segunda 5ª ou ambas forem diminutas. Isto, porque a 5ª diminuta é harmonicamente mais suave que a 5ª justa.

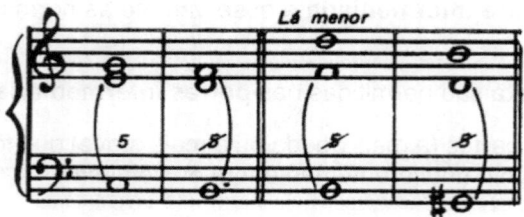

Ampliando este conceito considera-se também de bom efeito o emprego das 5ᵃˢ consecutivas, sendo diminuta a primeira 5ª, e justa a segunda.

Convém observar que tais preceitos **nunca** se aplicam às **8ᵃˢ consecutivas**. Observemos agora, o exemplo seguinte:

Essas 5ᵃˢ e 8ᵃˢ **não** são consideradas **consecutivas,** porquanto se trata da **repetição dos mesmos sons** e não, **sons diferentes.** O exemplo citado está pois, **correto**.

Assim como produzem mau efeito as 8ᵃˢ **consecutivas,** também o produzem os **uníssonos consecutivos,** o **uníssono seguido de 8ª** ou vice-versa, sendo, por esse motivo, **proibidos**.

EXERCÍCIOS

1 – Marque os graus dos acordes. Verifique todas as 5ᵃˢ e 8ᵃˢ encontradas nestes encadeamentos e explique se estão **certas** (permitidas) ou **erradas** (proibidas).

Modelo – 1 a) — 5ª em parte intermediária. **Certa** – porque está por **movimento contrário**.

2 – Marque os graus dos acordes, e siga como no exercício nº 1.

3 – Marcar os graus. Encadear os acordes de acordo com a cifragem, evitando **5ᵃˢ** e **8ᵃˢ consecutivas** e observando o emprego das **5ᵃˢ** e **8ᵃˢ permitidas**.

Esses exercícios devem ser realizados em 2 posições, conforme modelo.

UNIDADE 5
NOTAS ATRATIVAS – RESOLUÇÃO POR TENDÊNCIA ATRATIVA NOS ENCADEAMENTOS VII-I, V-I e V-I

Sabemos que os **acordes dissonantes** contêm **notas atrativas,** isto é, **notas de movimento obrigado,** para que possam resolver naturalmente sobre **acordes consonantes.**

Encadeamento VII–I.

Assim, o acorde de 5ª diminuta do VII grau (dissonante) tem 2 notas atrativas:

a) – **a sensível sobe para a tônica;**

b) – **a 5ª do acorde resolve descendo por grau conjunto.**

Sua tendência atrativa pede resolução natural sobre o I grau.

O acorde do **V** grau é um **Perfeito Maior,** logo, é **consonante** e como tal não pede resolução **obrigatória** sobre um determinado grau. Contudo, quando o **V** grau vem seguido do I grau ou do **VI** grau a sensível faz sentir sua atração pela tónica, e passa a ser **nota atrativa.**

Encadeamento, V–VI.

Neste encadeamento a **sensível pede resolução sobre a tónica.**

Na harmonia a 3 partes, quando se pratica esse encadeamento, um dos dois acordes (o **V** grau ou o **VI** grau) deve vir incompleto, isto é, sem a 5ª (para evitar 5ªˢ consecutivas). Vejamos então como podemos encadear corretamente esses graus. **–V–VI.**

a) – **V grau completo – VI grau incompleto,** de preferência com a 3ª dobrada.

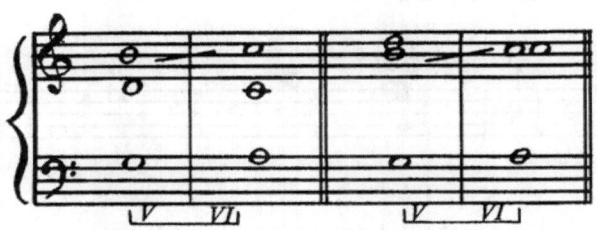

b) – **V grau incompleto,** com o baixo dobrado. A 3ª (sensível) neste acorde não se dobra, por ser nota atrativa, e o dobramento de nota atrativa deve ser evitado para evitar 8ªs consecutivas — **VI grau completo.**

Encadeamento V–I.
Também neste encadeamento a **sensível pede resolução sobre a tônica.**
Na harmonia a 3 partes, no encadeamento V–I, estando ambos no estado fundamental, o I grau fica sempre incompleto (sem a 5ª).

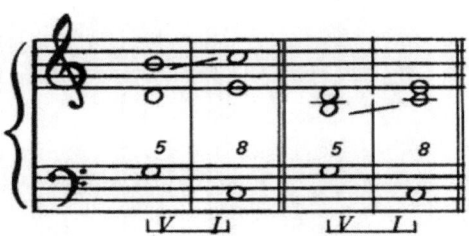

EXERCÍCIOS

Esses exercícios devem ser realizados em 2 posições.

1 – Realizar os encadeamentos VII–I, determinando os tons e observando as condições próprias deste encadeamento.

2 - Realizar os encadeamentos V–VI, determinando os tons e observando as condições próprias deste encadeamento.

3 - Realizar os encadeamentos **V–I** determinando os tons e observando as condições próprias deste encadeamento.

4 - Realizar os encadeamentos **VII–I**, **V–VI** e **V–I**, nos tons de:
Sol maior. Ré menor, Si maior, Fá menor, mi♭ maior, Dó # menor. Lá ♭ maior e Fá # menor.

UNIDADES 6
REALIZAÇÃO DO BAIXO DADO

Dá-se o nome de **baixo dado** à melodia escrita para a voz mais grave de um **coro**. Essa voz é, geralmente, o **baixo**. **Realizar um baixo dado** significa acomodar sobre o **baixo dado** os acordes convenientes à construção das melodias correspondentes às demais vozes do **coro**.

O baixo dado pode ser cifrado ou não ser cifrado. Quando o **baixo dado** é cifrado é necessário fazer a realização observando rigorosamente a cifragem indicada, sem modificá-la. Se **o baixo dado** não for cifrado, a escolha dos acordes, e por conseguinte a cifragem, será conforme o gosto de quem o realizar.

baixo dado cifrado

Todas as normas estudadas anteriormente sobre: **movimentos melódicos e harmônicos, 5as e 8as diretas, 5as e 8as consecutivas, uníssonos e encadeamento VII–I, V–VI** e **V–I**, devem ser rigorosamente observadas não somente nos **baixos dados** constituídos de acordes cifrados com 5, mas também em todos os baixos dados contendo novas cifragens que serão estudadas à medida que forem sendo empregadas.

Na **realização do baixo** observa-se o seguinte:

1 – Verificar o tom do **Baixo dado,** marcar os graus e assinalar os encadeamentos **VII–I, V–VI,** e **V–I**.

2 – Lançar as notas do primeiro acorde e, encadear este primeiro acorde com o segundo; examinar o movimento que atingiu a 5ª do segundo acorde.

Se a 5ª foi atingida por **movimento contrário ou oblíquo** estará correta. Se foi atingida por **movimento direto,** é preciso observar as normas que regem tais 5as. Estas devem ser observadas no decorrer de todo trabalho, isto é, no encadeamento do 2º com o 3º acorde, do 3º com o 4º, etc., até encadear o penúltimo como o último acorde.

3 – Quando a 5ª de um acorde provoca erro, esteja na parte superior ou na parte intermediária, poderá ser suprimida. Neste caso, dobra-se de preferência o **baixo.**

4 – Quando um acorde ficar incompleto, forçosamente terá 8ª em vez de 5ª. Assim sendo, é necessário observar o movimento que atingiu a 8ª. Se for **contrário** ou **oblíquo** a 8ª estará **correta**. Se for movimento **direto** é necessário observar as normas que regem tais 8ªs.

5 – Observar, rigorosamente, o movimento obrigado das notas atrativas, nos encadeamentos **VII–I**, **V–VI**, e **V–I**.

EXERCÍCIOS

1 – Realizar os seguintes baixos cifrados:

UNIDADE 7
ACORDES DE 6ª – ACORDE DE 6ª DO II GRAU

Acordes de 6ª

Quando os acordes de 3 sons se acham na **1ª inversão** (a 3ª do acorde figura no baixo) sua cifragem é 6, e são formados de 3ª e 6ª.

Estes acordes **não podem** ser empregados **incompletos,** ou seja, nesses acordes não se faz supressão de nota, devem ser usados sempre **completos.**

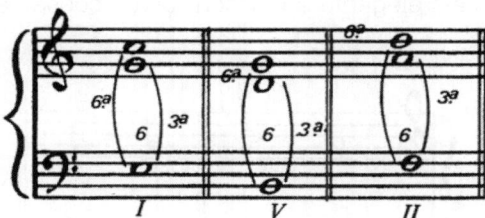

Quando temos no baixo dois graus conjuntos cifrados com 6, usa-se de preferência, colocar ambas as 6ᵃˢ na parte superior. Se colocarmos ambas as 6ᵃˢ na parte intermediária teremos o **erro** de duas 5ᵃˢ consecutivas.

Quando não for possível colocar ambas as 6ᵃˢ na parte superior usa-se também a seguinte disposição das notas:

O mesmo baixo pode ser cifrado com 5 6 ou 6 5. Neste caso, a 3ª é comum aos dois acordes e, para tornar mais elegante a harmonização, conserva-se a figura da nota do baixo na 3ª do acorde.

Observações: a) Quando a nota do baixo tem duas cifragens diferentes, como no caso acima, 5 6 ou 6 5, logicamente, a cada cifragem cabe um grau diferente.
b) Se no encadeamento **V–I**, um dos dois acordes estiver na 1ª inversão (cifrado com 6), ambos os acordes ficam completos.

Acorde de 6ª do II grau.

Trata-se da 1ª inversão do acorde $\cancel{5}$ do VII grau.

Quando o acorde de $\cancel{5}$ do VII grau está na 1ª inversão passa a ter somente uma nota atrativa, que é a **sensível que sobe à tônica**. A 3ª do acorde de 6ª do II grau (que é a 5ª do acorde de 5 do VII grau) é livre, quer dizer, deixa de ser nota atrativa, logo, **pode subir** ou **descer**.

HARMONIA - Da Concepção Básica À Expressão Contemporânea

Já sabemos que este acorde pede resolução sobre o I grau. Na harmonia a 3 vozes, quando este acorde resolve sobre o I grau na 1ª inversão, a 3ª sobe.

EXERCÍCIOS

1 – Completar os acordes e marcar os graus.

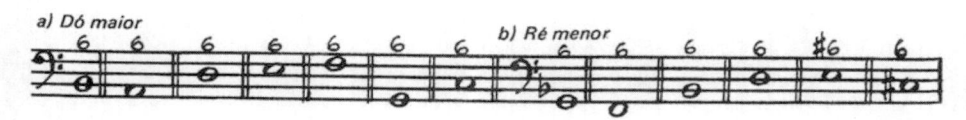

a) Dó maior   b) Ré menor

2 – Indicar os tons e resolver os encadeamentos **V-I** (um dos dois na 1ª inversão).

3 – Realizar a 3 partes.

4 – Resolver os seguintes acordes de 6ª do II grau (**5** do VII grau na 1ª inversão) e indicar os tons.

Lá menor

5 – Realizar a 3 vozes.

UNIDADE 8
ACORDES DE 4ª E 6ª

Quando os acordes de 3 sons, Perfeito Maior e Perfeito Menor, se acham na 2ª inversão, a 5ª do acorde se encontra no baixo, sua cifragem é $\frac{6}{4}$, e são formados de 4ª justa e 6ª.

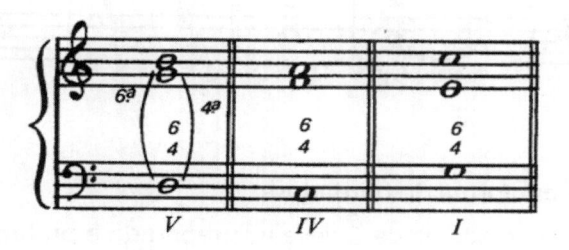

Esses acordes também devem ser usados **sempre completos**.

Os acordes de $\frac{6}{4}$ não podem ser empregados livremente como os demais acordes de 5 (estado fundamental) e 6 (1ª inversão).

No acorde de $\frac{6}{4}$ uma das duas notas que formam o intervalo de 4ª, isto é, o **baixo** ou a 4ª, deve vir **preparada**.

Preparar uma nota significa fazer ouvir esta nota, na mesma parte, no acorde anterior.

Prolongar uma nota, significa conservá-la na mesma voz, no acorde seguinte àquele em que ela foi ouvida. Em outras palavras, **preparar uma nota** é atingi-la por **movimento oblíquo. Prolongar uma nota** é fazê-la prosseguir por **movimento oblíquo.**

O baixo cifrado com $\frac{6}{4}$ obedece a condições especiais que limitam o seu emprego, e, de acordo com tais condições o acorde de 6/4 é trabalhado sob uma forma particular.

Vejamos:

I) – Acorde de $\frac{6}{4}$ **em forma de passagem.**

O baixo que contém a cifragem $\frac{6}{4}$ deve vir precedido e seguido de **grau conjunto** (fragmento de escala).

a) – A 4ª do acorde deve vir **preparada e prolongada.**

b) – Caso não possa ser **prolongada**, a 4ª deve **resolver subindo** ou **descendo**, por **grau conjunto**.

II) – Acorde de $^6_4$ **em forma de bordadura**.

O baixo que contém o acorde de $^6_4$ deve vir **preparado e prolongado**. Assim sendo, a 4ª não demanda cuidados especiais, isto é, **não precisa** ser **preparada**, nem **prolongada**. Observa-se que a parte superior e a parte intermediária formam **bordaduras**.

NOTA: Chama-se **bordadura** o seguinte movimento melódico: determinado som sobe ou desce um grau e volta ao mesmo som.

Se a bordadura vier no baixo: a) a 4ª do acorde de $^6_4$ deverá ser **preparada e prolongada**; b) não podendo ser **prolongada** a 4ª, esta deve resolver **subindo ou descendo por grau conjunto** (condição idêntica à do acorde de $^6_4$ de passagem).

III) – Acorde de $\frac{6}{4}$ em forma de apogiatura.

O acorde de $\frac{6}{4}$ **em forma de apogiatura** só se pratica sobre a **dominante e resolvendo sobre ela mesma.** Trata-se de um acorde artificial, isto é, ele não é a 2ª inversão de um acorde de 3 sons. As notas deste acorde de $\frac{6}{4}$ são uma **dupla apogiatura** e formam, ocasionalmente, uma 4ª e uma 6ª com o baixo. Assim sendo, a 4ª **dispensa preparação** ou **prolongação.** Insistimos em lembrar que **esta espécie de acorde de $\frac{6}{4}$ só se emprega sobre o V grau (dominante), resolvendo sobre o próprio V grau, com cifragem 5.**

Esta marcação V indica que o V grau abrange também o acorde de $\frac{6}{4}$ deixando bem evidente que esta cifragem ($\frac{6}{4}$) não é, aí, a 2ª inversão do I grau e sim, a dupla apogiatura da 3ª e da 5ª do próprio V grau.

As 2 formas, **passagem** e **bordadura,** às vezes se misturara num mesmo acorde de $\frac{6}{4}$. Isto é, o acorde de $\frac{6}{4}$ se inicia de uma forma e prossegue de outra forma. É considerado um acorde de $\frac{6}{4}$ **misto.**

Observa-se no exemplo "a" que o. acorde de $\frac{6}{4}$ começou em forma de **bordadura** (com o baixo preparado), e seguiu como acorde de **passagem** (com a 4ª prolongada). O exemplo "b" começou como acorde de **passagem** (com a 4ª preparada), e seguiu em forma de **bordadura** (com o baixo prolongado).

NOTA: a) A 4ª do acorde de $\frac{6}{4}$ em **forma de passagem dispensa preparação** se, com exceção do baixo, todas as outras notas são comuns ao acorde precedente. A 4ª e a 6ª são aí consideradas como notas de acorde anterior e o baixo funciona simplesmente como uma **"nota de passagem".**

b) A 4ª do acorde de $\frac{6}{4}$ em **forma de passagem** também **dispensa prolongação** (ou **resolução por grau conjunto ascendente** ou **descendente**) se for observada a mesma licença do exemplo acima, atribuindo-se-lhe a mesma justificativa.

EXERCÍCIOS

1 – Completar os acordes conforme a cifragem e marcar os graus.

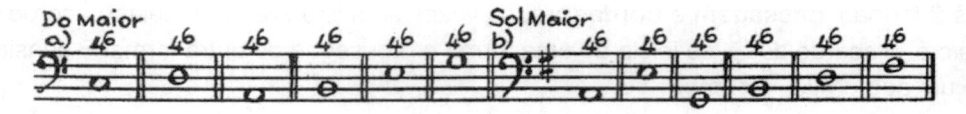

2 – Realizar a 3 partes, indicando as formas dos acordes de 4^6.

3 – **Baixos dados** (para realizar a 3 partes).

UNIDADE 9
ACORDE DE 4ª AUMENTADA E 6ª

O acorde de **4ª aumentada** e 6ª é a 2ª inversão dos acordes de 5ª diminuta. Este acorde não está subordinado a nenhuma das 3 formas do acorde de $\frac{6}{4}$ (passagem, bordadura, apogiatura). Nele se observa apenas a resolução das suas notas atrativas, ou seja, das que formam o intervalo de 4ª aumentada.

O acorde de **4ª aumentada** e **6ª** é praticado sobre o 4ª grau das escalas Maiores e Menores (2ª inversão do acorde de 5 do VII grau) e sobre o 6ª grau das escalas menores (2ª inversão do acorde de 5 do II grau do modo menor).

Quando o acorde de 4ª aumentada e 6ª vem sobre o 4ª grau (5 do VII grau) tem duas notas atrativas: a) a **sensível que sobe à tônica, e o baixo que resolve descendo por grau conjunto.** Sua cifragem é $+\frac{6}{4}$ (a **cruz** indica sempre a **sensível**, logo a **cruz** ao lado do 4 indica que a 4ª acima do baixo é a nota **sensível**). Esta cifragem + $\frac{6}{4}$ lê-se: 4ª aumentada e 6ª.

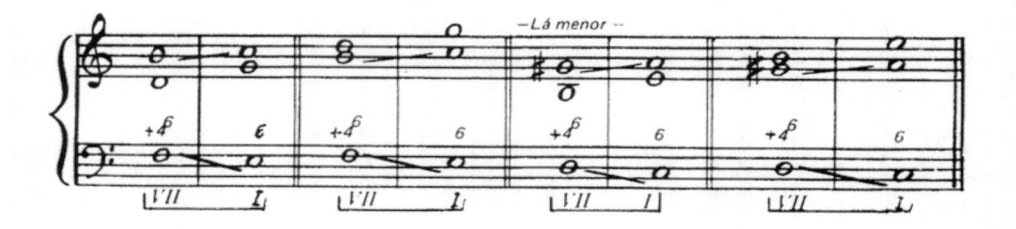

Quando o acorde de 4ª aumentada e 6ª vem sobre o 6º grau do modo menor (5 do II grau do modo menor) tem somente uma nota com tendência atrativa, que é o **baixo que resolve descendo por grau conjunto.**

A cifragem deste acorde é simplesmente $\frac{6}{4}$ (não leva cruz ao lado de 4 porque neste acorde não aparece a sensível), por esse motivo é preciso cuidado para não confundi-lo com os demais acordes de $\frac{6}{4}$ (passagem, bordadura ou apogiatura).

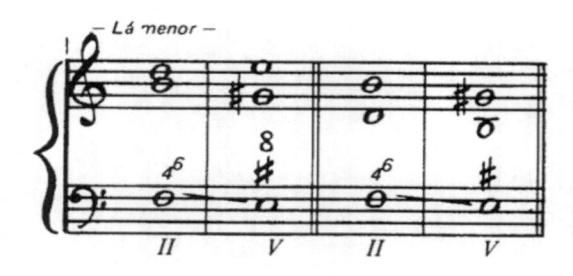

Obs.: Para determinar os graus da escala usamos a seguinte forma de numeração:
a) Para os **graus harmónicos**, fazemos uso dos **algarismos romanos**.
b) Para os **graus melódicos** usamos os algarismos arábicos.

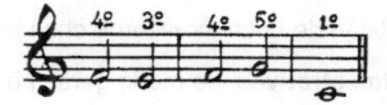

EXERCÍCIOS

I) – Indicar os tons e resolver os acordes de 4ª aumentada e 6ª, a 3 partes.

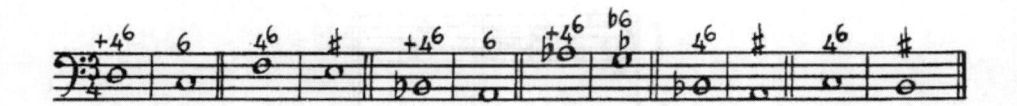

II) – Baixos dados: Realizar a 3 partes.

19)

20)

21)

UNIDADE 10
HARMONIA A 4 VOZES (OU A 4 PARTES)

Para fazer um **coro** a 4 vozes, usando acordes de 3 sons, é necessário **repetir** uma das notas de cada um dos acordes, estejam eles no estado fundamental ou invertidos.

A repetição de notas no acorde chama-se **dobramento.**

As notas atrativas, de modo geral, não devem ser dobradas.

O dobramento de notas dos acordes obedece a condições especiais, conforme esteja o acorde no estado fundamental, na 1ª ou na 2ª inversão.

Convém evitar o **movimento direto simultâneo** nas 4 vozes, a não ser que, pelo menos, 2 vozes caminhem por grau conjunto. Quando 3 vozes caminham por grau conjunto, o efeito do **movimento direto** em todas as vozes é bastante suave.

Todas as normas empregadas na harmonia a 3 vozes continuam vigorando na **harmonia a 4 vozes.**

HARMONIA - Da Concepção Básica à Expressão Contemporânea

UNIDADE 11
DOBRAMENTO DE NOTAS NOS ACORDES DE 5

Nos acordes cifrados com 5 (estado fundamental) a melhor nota para dobrar é o **baixo**.

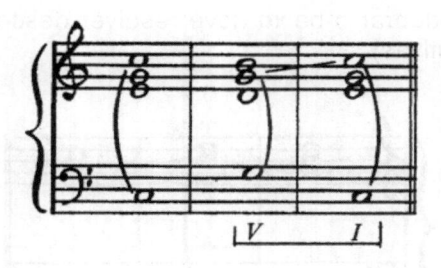

O dobramento da 3ª ou da 5ª é permitido, desde que seja para evitar erros ou melhorar o desenho melódico.

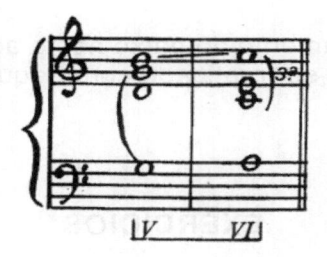

O dobramento do **baixo** no acorde do VI grau (no exemplo acima) acarretaria o erro de duas 5ªs e duas 8ªs consecutivas.

O acorde de **5** do VII grau é o único que faz exceção a esse dobramento. Nele, a melhor nota para dobrar é a 3ª, uma vez que o baixo e a 5ª são notas **atrativas**.

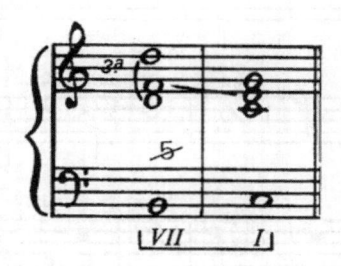

Excepcionalmente faz-se o dobramento do **baixo** (sensível) no acorde de 5 do VII grau, observando-se, rigorosamente, as seguintes condições:

a) – a nota que vem dobrar o baixo deve vir **preparada** e em **parte intermediária** (nunca na parte superior).

b) – a nota que vem dobrar o baixo deve resolver descendo uma 3ª (para evitar duas 8ᵃˢ consecutivas).

Lembramos que o dobramento do baixo neste acorde é, apenas, **tolerado,** por conseguinte, não deve ser praticado com frequência.

EXERCÍCIOS

Realizar a 4 partes:

UNIDADE 12
DOBRAMENTO DE NOTAS NOS ACORDES DE 6

Cada nota da escala tem a sua função de importância dentro do tom a que pertence. E conforme a sua importância são consideradas notas de **1ª, 2ª e 3ª ordem.**

São notas de 1ª ordem: 1º, 4º, e 5º (graus tonais)

São notas de 2ª ordem: 2º e 6º graus.

São notas de 3ª ordem: 3º e 7º graus.

Nos acordes de 6ª (1ª inversão) deve-se dobrar, de preferência, as **notas de 1ª ordem**; não importa que a nota de 1ª ordem seja o baixo, a terceira ou a 6ª.

Permite-se o dobramento das notas de 2ª ou 3ª ordem para evitar erros ou aprimorar o desenho melódico.

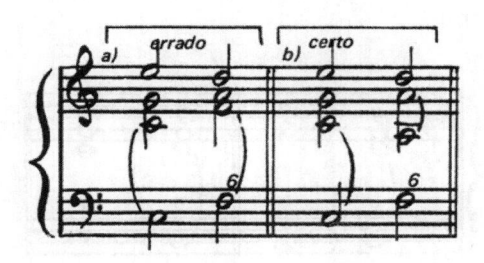

No exemplo "a", o dobramento do **fá** (nota de 1ª ordem) no 2ª acorde, provocou o erro de duas 8ªˢ consecutivas. No exemplo "b", corrigimos o erro apontado, dobrando o **lá** (nota de 2ª ordem) no 2º acorde.

Um acorde porém, faz exceção à preferência do dobramento da nota de 1ª ordem. É o acorde de **6ª do II grau,** isto é, o acorde de 5̸ do VII grau na Iª inversão. Neste acorde a melhor nota para ser dobrada é o **baixo** (nota de 2ª **ordem)** pois o dobramento da nota de 1ª ordem (a 3ª) aumenta o número de dissonâncias do acorde.

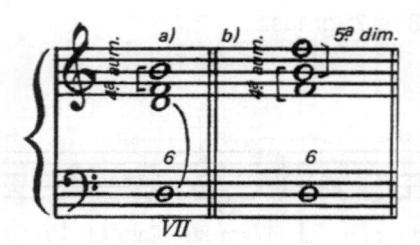

a) A nota que serviu de dobramento do baixo, nota de 2ª ordem, só produziu consonâncias com as demais notas do acorde, conservando o acorde apenas a dissonância que lhe é própria, ou seja, a 4ª aumentada (inversão da 5̸).

b) O dobramento da nota de 1ª ordem (3ª do acorde) produziu mais uma dissonância no acorde (a 5̸), além da dissonância (4ª aumentada) própria do acorde. Para que este dobramento seja permitido é necessário resolver a dissonância da 5ª diminuta, assim sendo, a **sensível subirá à tónica e o dobramento da 3ª resolverá descendo por grau conjunto.**

É evidente pois, que o **dobramento preferido** no acorde de 6ª do II grau deve ser o **baixo** (nota de 2ª ordem).

Em qualquer acorde de 6ª devemos, sempre que possível, colocar na parte superior a 3ª ou a 6ª. E, caso seja feito o **dobramento do baixo,** este só poderá **figurar na parte superior** se for **nota de 1ª ordem.**

Para que seja permitido o **dobramento do baixo na parte superior, sem que o baixo seja nota de 1ª ordem** é necessário observar uma das seguintes normas, para que o efeito seja agradável.

1ª – a nota que vem dobrar o baixo na parte superior deve vir **preparada.**

2ª – o baixo do acorde de 6ª deve vir **preparado.**

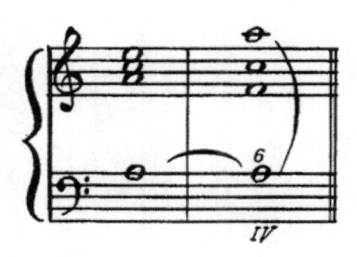

3ª – Numa sequência de 3 acordes, fazendo a parte superior uma série de 3 graus conjuntos, em movimento contrário com o baixo. O acorde de 6ª, com o baixo dobrado na parte superior (sem que o baixo seja nota de 1ª ordem), deverá ser o acorde intermediário da sequência desses 3 acordes.

EXERCÍCIOS

I) – Procure as notas de 1ª, 2ª e 3ª ordem dos seguintes tons:
Sol Maior, Lá menor, Fá Maior, Sol menor, Mi Maior, Si♭ Maior e Fá ♯ menor.

II) – Baixos dados (Realizar a 4 partes).

UNIDADE 13
DOBRAMENTO DE NOTAS NOS ACORDES DE 46

Nos acordes de 4^6 (seja em forma de **passagem** (a), **bordadura** (b) ou **apogiatura** (c) a melhor nota para ser dobrada é o **baixo.**

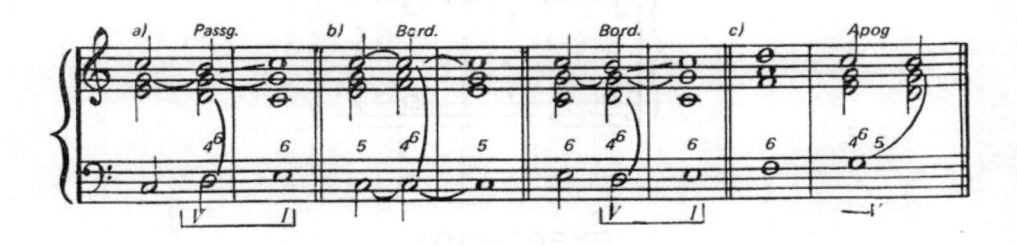

A 4ª também pode ser dobrada, porém, é necessário:
a) – **preparar o baixo,** ou
b) – **preparar uma das duas 4ᵃˢ**; ou
c) – se o acorde de 4^6 estiver em **forma de passagem** é conveniente, se possível, **preparar as duas 4ᵃˢ**

Nas circunstâncias em que o acorde de 4^6 dispensa a preparação da 4ª, esta pode ser dobrada livremente, sem que se cogite de qualquer preparação. É o caso do acorde de 4^6 em **forma de apogiatura** (a). Ainda, se o acorde de 4^6 é em **forma de passagem,** tendo sido a 4ª e a 6ª já ouvidas no acorde anterior. O baixo cifrado com 4^6, nessa circunstância, funciona apenas como **nota de passagem.** Além de não carecer a preparação da 4ª, o seu dobramento é livre (b).

Também é permitido o **dobramento livre da 6ª** (em qualquer das situações do acorde de 4^6).

EXERCÍCIOS

Baixos dados. (Realizar a 4 vozes).

UNIDADE 14
DOBRAMENTO DE NOTAS NOS ACORDES DE 4ª AUMENTADA E 6ª

No acorde de 4ª aumentada e 6ª que se pratica sobre o 4º grau de ambos os modos (5 do VII grau na 2ª inversão) a **única nota que se dobra é a 6ª**, uma vez que o baixo e a 4ª são notas atrativas.

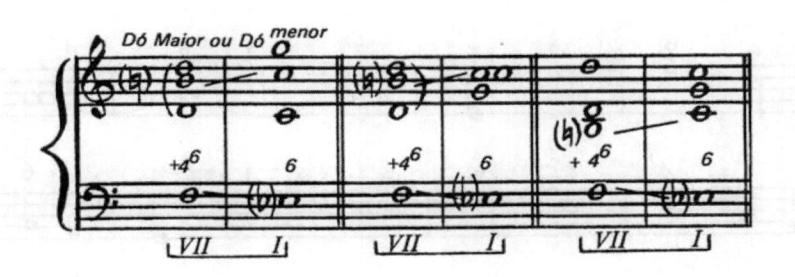

No acorde de 4ª aumentada e 6ª que se pratica sobre o 6º grau do modo menor (5 do II grau do modo menor) dobra-se a 4ª ou a 6ª. Somente o baixo não pode ser dobrado por ter **tendência atrativa**.

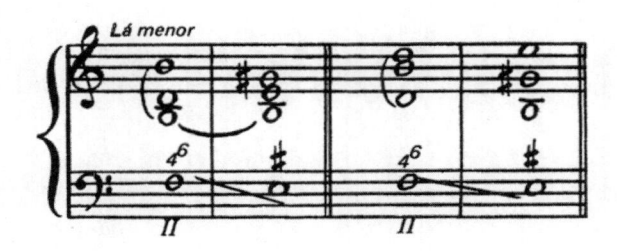

EXERCÍCIOS

1 – Determinar os tons e realizar a 4 vozes:

2 – Baixos dados (Realizar a 4 partes):

UNIDADE 15
MUDANÇA DE POSIÇÃO DOS ACORDES

Dá-se a **mudança de posição dos acordes**, quando dois ou mais acordes se sucedem, todos do **mesmo grau,** por conseguinte, todos com as mesmas notas, porém variando de cada vez a ordem das notas ou o estado do acorde.

Para indicar a **mudança de posição,** cifra-se, com **5, 6,** 4^6 ou $+4^6$ ou ainda, qualquer outra cifragem que for aprendida futuramente, conforme convier ao primeiro acorde do grupo e, a partir da cifra faz-se seguir uma linha reta, horizontal, chamada **linha de continuidade,** até o último acorde do mesmo grau, onde termina a **mudança de posição do acorde.**

a) – mudança de posição, sem mudança de estado (o baixo conservou-se o mesmo);

b) – mudança de posição, com mudança de estado (o 1º acorde está no estado fundamental e o 2º acorde na 1ª inversão);

c) – mudança de posição, com troca de notas (verifique que enquanto o soprano cantou mi-do, o tenor cantou do-mi, isto é, fizeram **troca de notas)**

d) – mudança de posição com mudança de estado e troca de notas.

e) – mudança de posição no acorde de 4^6 em forma de apogiatura. A mudança de posição aí, neste caso, provocou mudança de estado momentaneamente, terminando a mudança com o próprio acorde com que foi iniciada (4^6 em forma de apogiatura).

Enquanto se efetua a mudança de posição, em qualquer das partes, será permitido qualquer movimento melódico, seja qual for o intervalo (inclusive os de 7ª ou ainda qualquer intervalo aumentado ou diminuto, ascendente ou descendente resultante da mudança de posição).

A **5ª direta** que resulta da mudança de posição é permitida (tanto em partes extremas, como em partes intermediárias) até mesmo quando ambas as partes que formam a 5ª fazem movimento de salto.

5ᵃˢ e 8ᵃˢ consecutivas permitidas pela mudança de posição.

São permitidas duas 5ᵃˢ ou duas 8ᵃˢ consecutivas:

1) quando a primeira 5ª ou a primeira 8ª mudar de posição, e a segunda 5ª ou a segunda 8ª for atingida por **movimento contrário.**

2) A mudança de posição **não evita** essas 5ᵃˢ ou essas 8ᵃˢ se estiverem por **movimento direto.**

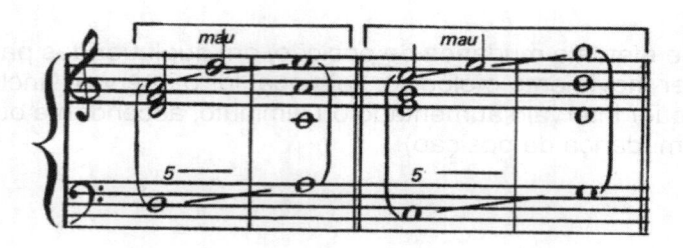

3) São permitidas 5as consecutivas ou 8as consecutivas (seja por movimento direto ou contrário) quando a primeira 5ª ou a primeira 8ª mudar de posição e uma das notas que formam a segunda 5ª ou a segunda 8ª vier **preparada**.

4) Quando a segunda 5ª ou a segunda 8ª surge após a emissão do acorde, ou seja, quando resulta da mudança de posição do segundo acorde. As 5as e 8as consecutivas resultantes dessa disposição de acordes são denominadas 5as e 8as **retardadas**.

5) Quando a primeira 5ª ou a primeira 8ª vem em tempo fraco ou parte fraca de tempo, e muda de posição antes de atingira segunda 5ª ou a segunda 8ª.

6) Quando as 5as ou as 8as consecutivas (mesmo que estejam em tempo forte) estão separadas, no mínimo, por três mudanças de posição e a segunda 5ª ou a segunda 8ª for atingida **por movimento contrário** pela última **mudança de posição**.

Observações:
a) a mudança de posição permite que o acorde fique incompleto, podendo ser suprimida qualquer nota, ainda que seja a 3ª.

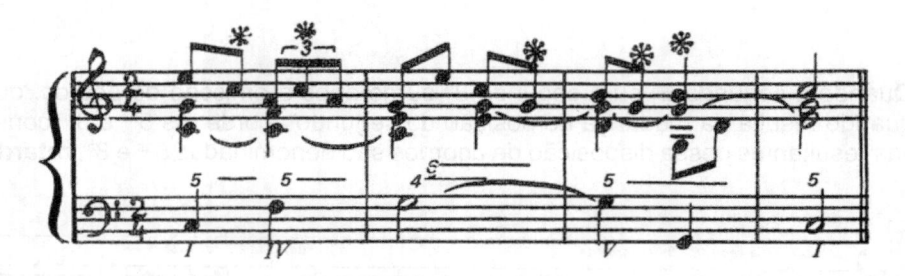

b) evita-se, na **mudança de posição,** atacar a **4ª**, a **5ª** ou a **8ª justa**, sem ouvir simultaneamente a 3ª do acorde (em qualquer voz).

EXERCÍCIOS

1 – Realizar as seguintes **mudanças de posição**:

HARMONIA - Da Concepção Básica À Expressão Contemporânea

2 – Realizar os baixos dados:

UNIDADE 16
CADÊNCIAS HARMÔNICAS

As **cadências harmônicas** são caracterizadas pelo **baixo** e denominadas de acordo com os **graus** sobre os quais se dá o repouso da frase (membro da frase ou período). Assim, as **cadências harmônicas** são as seguintes:

1) – **perfeita**

2) – **imperfeita**

3) – **interrompida**

4) – **à dominante**

5) – **meio-cadência** (impropriamente chamada por alguns autores – **semi-cadência**).

6) – **plagal**

7) – **evitada**

Esta última (**evitada**) só se aplica na **harmonia modulante,** porquanto cada um dos acordes sobre os quais ela repousa pertence a tom diferente. Esta cadência é pois uma **cadência modulante,** e por isso será tratada em uma das próximas unidades, quando alcançarmos o estudo das **modulações.** As demais **cadências harmônicas** são consideradas cadências unitônicas, uma vez que repousam sobre acordes do mesmo tom.

Vejamos cada cadência particularmente:

1 – **Cadência perfeita.**

É o repouso sobre o encadeamento V–I, ambos no estado fundamental.

O V grau será cifrado com 5 ou 4^6 5 (forma de apogiatura). Futuramente, quando já estiver sendo praticado o acorde de 7ª da Dominante o V grau poderá usar a cifra deste acorde. É importante, para melhor efeito, que o V grau, nesta cadência, venha precedido do II grau ou do IV grau, constituindo a **"fórmula da cadência".**

HARMONIA - DA CONCEPÇÃO BÁSICA À EXPRESSÃO CONTEMPORÂNEA

Observando os exemplos verificamos em:

a) – encadeamento V–I, ambos cifrados com 5. V grau precedido do IV grau (fórmula).

b) – encadeamento V–I. V grau cifrado com $4^6\, 5$ (forma de apogiatura), precedido do II grau (fórmula).

c) – cifragem idêntica à anterior. A disposição das partes aí, provocou uma 8ª direta (sobre o I grau) sem semitom **na parte superior.**

Como produz bom efeito, permite-se esta **8ª direta,** isto é, sobre o I grau, na **cadência perfeita,** desde que a supertônica desça para a tônica, na parte superior.

d) – cifragem idêntica à (b) e (c). É muito comum esta **mudança de posição** nos acordes da **cadência.**

Na cadência perfeita também se emprega a seguinte cifra no V grau – 6 5 ou 5 6, embora com menos frequência que as demais.   V–   V–

Verificando:

a) – a cifragem 6 5 (sobre o V grau) funciona como "apogiatura superior" (nota melódica) da 5ª do acorde.

b) – a cifragem 5 6 (sobre o V grau) funciona como se após o V grau fosse introduzida (no soprano) uma "escapada" (nota melódica).

No **Modo menor** permite-se alterar ascendentemente a **3ª do acorde do I grau,** transformando-o em I grau do tom homônimo maior. Esta **cadência perfeita** é de extraordinário efeito, dando mesmo à terminação, uma "sensação de claridade".

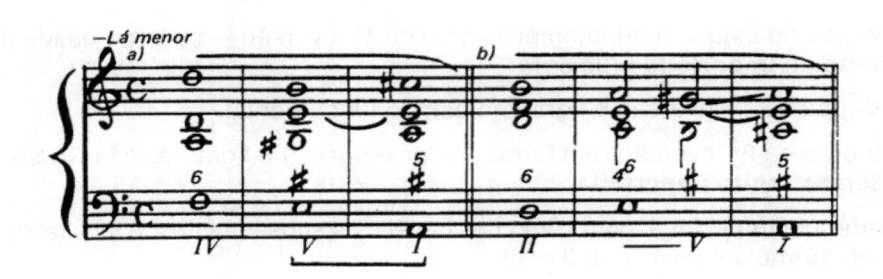

Verificamos em:

a) – V grau e I grau ambos cifrados com 5 (no estado fundamental); observe-se que o I grau está com **alteração ascendente da 3ª** (dó) na parte superior, para destacar o efeito da **terminação no modo Maior**.

b) – V grau cifrado com $4^6\ 5$ (forma de apogiatura) e I grau, também com **alteração ascendente da 3ª** (dó ♯). Embora na parte intermediária, o dó ♯ dá à terminação brilhante efeito.

Nota: Em todos os exemplos foi rigorosamente observada a **"fórmula da cadência"** com o IV grau e o II grau, respectivamente, precedendo o V grau.

Espécie de cadência

Quando se empregam **diferentes cifragens** sobre determinado, grau de uma **cadência** (como na cadência perfeita: $\frac{5}{V}$ ou $\frac{4^6\ 5}{V}$ ou $\frac{5\ 6}{V}$ ou $6\frac{5}{V}$), diz-se que a **cadência** tem **espécies** diversas. Como vimos, a cadência perfeita tem **várias espécies**.

2 - Cadência imperfeita.

É o repouso sobre o encadeamento V–I, estando um deles ou ambos invertidos.

Embora seja esta **cadência** formada com os mesmos graus com que se compõe a **cadência perfeita,** seu efeito não é tão convincentemente conclusivo, porquanto o estado invertido dos acordes enfraquece o efeito harmônico.

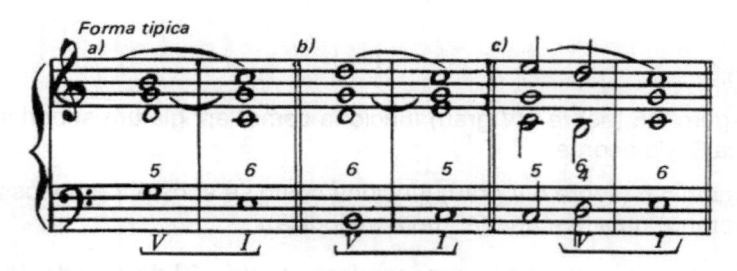

Verificamos que esta cadência também tem várias **espécies:**

a) – V grau no estado fundamental e I grau na 1ª inversão – é a **mais** usada das **cadências imperfeitas** (típica).

b) – V grau na 1ª inversão e I grau no estado fundamental.

c) – V grau na 2ª inversão (em forma de "passagem") e I grau na 1ª inversão – **cadência muito imperfeita.**

Na **cadência imperfeita,** bem como nas cadências subsequentes, é facultativa a preparação da **fórmula** com o IV ou II grau.

HARMONIA - Da Concepção Básica À Expressão Contemporânea

Variante de cadência

Quando determinado grau de uma **cadência** é substituído por outro grau diz-se que a **cadência** tem **variante**.

Nesta **cadência** o V grau pode ser substituído pelo **VII grau, no estado fundamental ou invertido**. É a **variante da cadência imperfeita**.

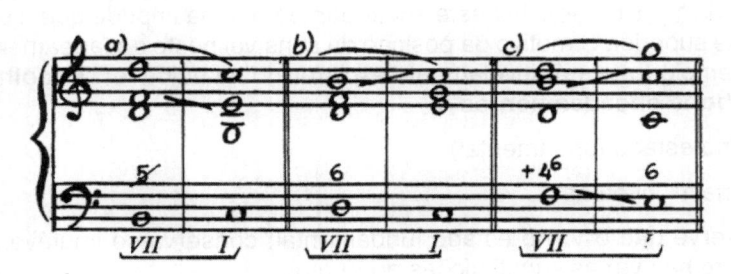

Nos três exemplos acima observa-se que a **cadência** se fez sobre o encadeamento VII–I, estando o VII grau em:
a) – no estado fundamental e em
b e c) invertido.

3 – Cadência interrompida.
É o descanso sobre o encadeamento V–VI, ambos no estado fundamental (**típica**).

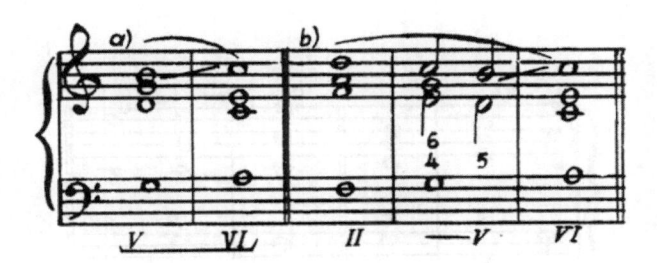

a) – V–VI (ambos no estado fundamental) forma **típica** da **cadência interrompida**;
b) – 4^6 5
 – V VI, o V grau vem precedido do II grau (poderia ser também o IV grau). Esta é uma das **espécies** muito usadas na realização desta **cadência**.
Esta cadência tem as seguintes **variantes**.

Vejamos:

a) – V–VI (do homónimo menor emprestado ao Maior). Esta variante só se pratica quando o trecho está em tom Maior para que seja possível o empréstimo.

b) – V–IV (no estado fundamental). Neste encadeamento evita-se que a sensível ocupe a parte superior, ou seja, a sensível deve ficar em parte intermediária.

c) – V–IV (na 1ª inversão). Já neste encadeamento nada impede que a sensível ocupe a parte superior. O motivo da posição da sensível neste encadeamento, bem como no exemplo (b), será devidamente esclarecido na unidade: **"Escolha de acordes para bons encadeamentos"**.

d) – V–II (no estado fundamental).

e) – V–II (na 1ª inversão).

Nota: Observe que o V (no estado fundamental) conserva-se imutável, e a **variante** ocorre nas várias substituições do VI grau.

4 - Cadência à Dominante.

É o apoio sobre o V grau no estado fundamental. Qualquer outro grau que faça com o V grau bom encadeamento, poderá precedê-lo nesta cadência.

O V grau onde recai a cadência poderá conter também a cifragem $4\genfrac{}{}{0pt}{}{6\ 5}{-V}$ (forma de apogiatura). Diz-se nesta **espécie** que a cadência tem **resolução feminina,** ou seja, resolução em tempo fraco. Aí o V grau deverá ser precedido do II ou IV grau para efeito de **fórmula.**

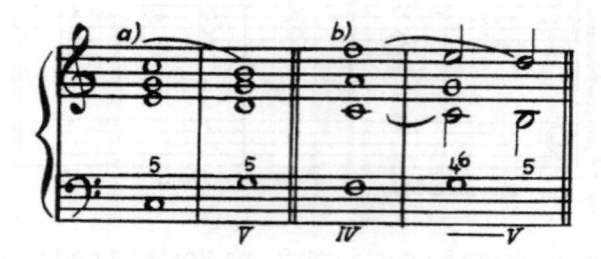

Vejamos:

a) – o V grau, onde repousa a cadência, veio precedido do I grau (ótimo encadeamento), mas poderá também ser precedido de qualquer outro grau que com ele faça bom encadeamento.

b) – **cadência à dominante com resolução feminina,** isto é, V grau está cifrado com $4^6\ 5$.

5) – Meio-Cadência.

É o repouso sobre o V grau invertido, precedido de qualquer acorde que com ele faça bom encadeamento, ou sobre o encadeamento I–IV, ou III–IV.

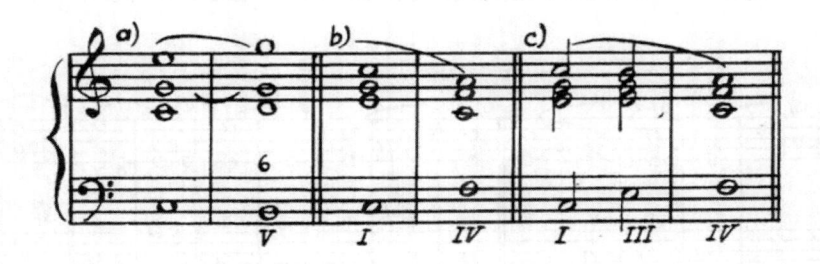

Verifiquemos:
a) – **meio-cadência** – caracterizada pelo repouso sobre o V grau invertido (1ª inversão).
b) – **meio-cadência** – caracterizada pelo IV grau precedido do I grau.
c) – **meio-cadência** – caracterizada pelo IV grau precedido do III grau.

A **meio-cadência** tem como **variante** a substituição do V grau pelo VII (no estado fundamental ou invertido). Observem os exemplos abaixo e vejam que o repouso se deu – a) sobre o VII grau no estado fundamental; b) na 1ª inversão e c) na 2ª inversão.

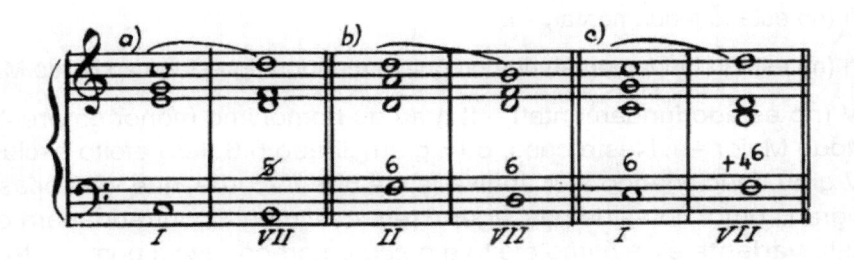

6 – Cadência plagal.

É o repouso sobre o encadeamento IV–I, ambos no estado fundamental (típica).

É grande o número de **variantes** desta **cadência**.

Nas **variantes** é o IV grau que sofre substituições. Pode ser substituído pelo VI grau ou ainda, pelo IV, VI ou II graus tomados de empréstimo ao tom homónimo menor. O I grau permanece sempre no estado fundamental.

a) – IV (do homônimo menor emprestado ao modo maior) – I, ambos no estado fundamental.

b) – IV (na 2ª inversão) – I.

c) – IV (na 2ª inversão) primeiramente no Modo Maior, a seguir abaixamento da 6ª, transformando-o em IV grau do tom homónimo menor emprestado ao maior – I.

d) – VI (no estado fundamental) – I.

e) – VI (no estado fundamental) do homônimo menor emprestado ao Modo Maior – I.

f) – IV (no estado fundamental) – II grau do homônimo menor emprestado ao Modo Maior – I. Neste caso, o IV grau cifrado 5 6, tem efeito exclusivo de IV grau, funcionando a 3ª abaixada e a 6ª do acorde, que vêm ocasionar o II grau, como "notas de passagem" (em movimento contrário) para o I grau. Esta **variante** é de ótimo efeito e o seu emprego revela bom gosto.

As **cadências harmônicas** têm, também, efeito **suspensivo** e **conclusivo**.

São **suspensivas** as **cadências: imperfeita, interrompida, à dominante** e **meio-cadência.** Devem, por conseguinte, ser empregadas, de preferência, no transcurso do trecho.

São **conclusivas** as cadências: **perfeita** e **plagal.** Daí serem estas as mais usadas para terminar o trecho, sendo que a **cadência plagal** serve para confirmar o sentido de conclusão, dado pela **cadência perfeita.**

Também se pode terminar o trecho com qualquer das **cadências suspensivas,** com a condição de validar o sentido de conclusão com a **cadência plagal.**

HARMONIA - DA CONCEPÇÃO BÁSICA À EXPRESSÃO CONTEMPORÂNEA

EXERCÍCIOS

1 – Realizar e indicar as cadências.

2 – Marcar e classificar as **cadências** dos Baixos nos 7 – 8 – 9 – 16 – 17 – 18 – 19 – 20 – 21 – 22 – 23 – 24 – 25 – 26 – 27 - 28 – 29 – 30 – 31 – 32 – 33 e 35.

3 – Baixos dados para realizar e marcar as cadências:

UNIDADE 17
ESCOLHA DE ACORDES PARA BONS ENCADEAMENTOS
(CIFRAGEM DO BAIXO)

A **cifragem do baixo** depende da escolha dos acordes que melhor se prestam a bons encadeamentos.

Primeiramente, escolhem-se os acordes que melhor se encadeiam entre si; coloca-se então em cada baixo a cifragem que convenha à formação dos acordes selecionados.

São bons encadeamentos:

1) – aqueles cujas fundamentais procedem por **4as** ou **5as ascendentes** ou **descendentes,** sejam eles quais forem os graus (no estado fundamental ou invertido).

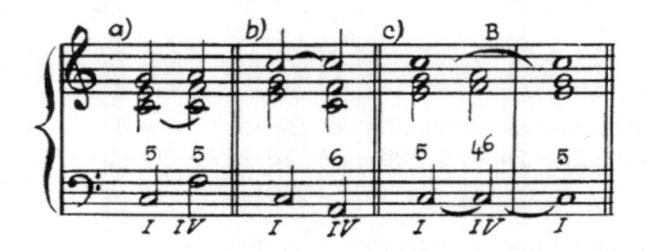

2) – aqueles **cujos graus se encontram por 3as descendentes,** especialmente quando formados por graus pares (VIII I) –VI, VI–IV, IV–II).

Esses encadeamentos (3as descendentes) formados por **graus ímpares** (VII–V, V–III, III–I) **são mais fracos,** e, por conseguinte menos empregados. O encadeamento III–I, principalmente, é de mau efeito, devendo ser evitado.

3) – aqueles **cujos graus** são encontrados por **3ᵃˢ ascendentes,** quando formados por graus pares.

Os mesmos encadeamentos formados por graus ímpares (I–III, III–V, V–VII) são de bom efeito – a) se o segundo acorde vier seguido do grau imediatamente superior; b) se o segundo acorde vier na 2ª inversão, em forma de 4⁶ de passagem.

Ainda por **3ª ascendente** e por **3ª descendente** temos respectivamente, o encadeamento VII–II (3ª ascendente) e II–VII (3ª descendente) formados por um grau par e outro ímpar.

Destes dois encadeamentos, faz bom efeito somente o de 3ª descendente (II–VII).

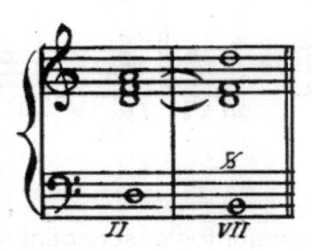

Vejamos agora os encadeamentos por **graus conjuntos ascendentes: I–II**

a) – é bom quando o II grau ou ambos se acham na 1ª inversão (cifrados com 6).

b) – quando ambos estão no estado fundamental e o II grau se encontra com a 3ª do acorde na parte superior.

c) – no modo menor, este encadeamento é sempre de bom efeito.

II–III
Pratica-se quando ambos se acham na 1ª inversão (cifrados com 6); contudo, seu emprego deve ser feito com certa reserva, pois é de fraco efeito.

III	–	IV	(a)	
IV	–	V	(b)	
V	–	VI	(c)	**são encadeamentos bons**
VI	–	VII	(d)	
VII	–	VIII (I)	(e)	

Encadeamentos por graus conjuntos descendentes VIII (I) – VII.
É bom.

VII–VI

Se estão ambos no estado fundamental a sensível deixa de resolver. Se o VI grau vem na 1ª inversão não **produz bom efeito**. Assim sendo, **este encadeamento deve ser evitado**.

VI–V

Otimo. É o melhor dos encadeamentos por graus conjuntos descendentes.

V–IV

a) – neste encadeamento, quando ambos os acordes estão no estado fundamental, evita-se a sensível na parte superior, isto é, o V grau deve ter a sensível (3ª do acorde) colocada em parte intermediária.

b) – Contudo se o IV grau vier na 1ª inversão (cifrado com 6), a sensível (3ª do V grau) poderá estar na parte superior.

A razão do emprego deste encadeamento nestas condições é devidamente explicada na unidade 31 - **Falsa relação**.

IV – III
III – II

Só devem ser praticados se estiverem ambos os acordes na 1ª inversão, e ainda assim, devem ser estes encadeamentos praticados com prudência, pois seu efeito é fraco.

II–I

É permitido quando: a) – ambos os acordes se acham na 1ª inversão; b) – quando estão ambos no estado fundamental, ocupando a 3ª do I grau a parte superior.

Observações que facilitam a boa escolha dos acordes:

1) – Os acordes mais usados, e que melhor apoio dão ao tom, são os do I, V e IV graus, isto é, os graus tonais (graus de 1ª ordem). Depois desses, também são usados com frequência os acordes do II e VI graus (graus de 2ª ordem).

2) – Não abusar do emprego dos acordes do III e VII graus (graus de 3ª ordem).

3) – Os acordes do VI grau e do III grau devem ser empregados de preferência no estado fundamental, ou na 2ª inversão (4^6 de passagem). O seu emprego na **1ª inversão deve ser evitado,** pois só fará bom efeito em casos muito especiais.

4) – Na harmonia de caráter mais ou menos simples, **evita-se o acorde de 5ª aumentada.** O emprego do III grau do modo menor pratica-se com muito bom efeito quando a 5ª do acorde, isto é, o 7º grau da escala, **não é a sensível,** e sim a **subtônica.** Neste caso, o acorde que melhor se presta para vir após este III grau é o IV grau, devendo a **subtônica** (7º grau da escala do modo menor sem alteração acidental) resolver descendo por grau conjunto; devem estar ambos os acordes (III – IV) no estado fundamental.

HARMONIA - DA CONCEPÇÃO BÁSICA À EXPRESSÃO CONTEMPORÂNEA 75

5) – O acorde de 4^6 só pode ser praticado se a nota do baixo puder ser enquadrada dentro de uma das formas (passagem, bordadura ou apogiatura) que prescrevem o emprego do acorde 4^6.

6) – a) – evitar, tanto quanto possível, **passar de um compasso para outro** com o mesmo grau, na mesma posição. Teremos aí a **harmonia sincopada,** que depende de habilidade na arte de harmonizar, para fazer surtir bom efeito.

b) – se não for possível evitar o emprego do mesmo acorde na passagem de um compasso para outro, será aceitável essa harmonização se fizermos a **mudança de posição** do acorde.

c) – se a **mudança de posição** puder ser feita **com mudança de estado,** o seu efeito será bem mais atenuado.

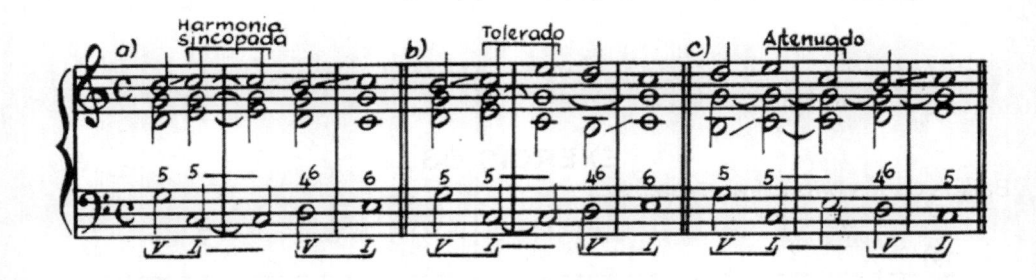

7) – Havendo **síncope** no baixo evita-se fazê-la simultaneamente na parte superior, e de preferência, muda-se o grau na segunda nota ligada, para variar a harmonia.

8) – As **cadências** e suas fórmulas devem ser **rigorosamente** respeitadas.

9) – A **tônica** e a **dominante devem conservar sempre o seu próprio grau – I e V – no estado fundamental;** assim, para esses graus a **melhor cifragem é 5**. Nestes dois graus **evita-se a cifragem 6,** pois esta cifragem transforma-os, respectivamente, em VI grau e III grau, desvirtualizando-os completamente.

10) – O trecho deve **iniciar e terminar** com o **I grau no estado fundamental.** Entretanto, excepcionalmente, poderá **iniciar-se** com outro grau, como o V, o IV ou o VI grau, no estado fundamental ou invertido.

11) – O trecho em **tom menor** pode terminar com o último acorde em **Maior** (empréstimo). Evita-se porém o inverso (um trecho em **tom Maior** terminar com o I grau em **menor),** cujo efeito não é muito natural. Esta terminação alias, já foi prevista no unidade XVI – **Cadências Harmônicas** – quando tratamos da **Cadência Perfeita**.

EXERCÍCIOS

Baixos dados para cifrar e realizar:

39)

40)

41)

42)

UNIDADE 18
MARCHAS HARMÔNICAS (OU PROGRESSÃO HARMÓNICA)

Chama-se **marcha harmônica** a reprodução fiel de um grupo de dois ou mais acordes. Essa reprodução se prende à disposição dos intervalos de um acorde para o outro, estabelecida em cada parte individualmente, e que deve ser simetricamente plagiada.

O grupo de acordes tomado como padrão, isto é, como molde para ser reproduzido, recebe o nome de **modelo**. Os grupos que reproduzem o **modelo** são chamados **reproduções**.

Vejamos este exemplo de **marcha harmônica**:

Analisemos o **modelo**:

a) – formado por 2 acordes, cujo encadeamento se fez por 4ª ascendente, tendo no **baixo** as fundamentais, logo, ambos os acordes do **modelo** estando no estado fundamental se acham cifrados em 5.

b) – no **tenor,** encontram-se o dobramento do baixo (no 1º acorde) e a 5ª (no 2º acorde), que são notas comuns.

c) – no **contralto,** temos a 3ª (no 1º acorde) e o dobramento do baixo (no 2º acorde); o movimento melódico entre essas duas notas é um intervalo de 2ª ascendente.

d) – no **soprano,** encontra-se a 5ª (do 1º acorde) e a 3ª (do 2º acorde); o movimento melódico entre essas duas notas é um intervalo de 2ª ascendente.

Verifiquemos cada **reprodução,** e vejamos que todos os movimentos do **modelo** foram simétrica e fielmente repetidos, em todas as vozes.

A **marcha harmônica** também é chamada **progressão harmônica**.

O **modelo** deve ser harmonizado com absoluta perfeição e apuro. Assim o serão também todas as **reproduções**.

Ao encadear o último acorde do **modelo** com o primeiro acorde da 1ª reprodução **evitam-se 5ᵃˢ e 8ᵃˢ consecutivas,** bem como, **5ᵃˢ e 8 ᵃˢ por movimento direto**.

Para que o **modelo** possa ser simetricamente reproduzido, permitem-se, no decorrer da **marcha:**

1) – **quaisquer movimentos melódicos,** inclusive os intervalos de 7ª e os intervalos aumentados e diminutos, ascendentes e descendentes.

2) – **quaisquer dobramentos,** inclusive o da sensível,

3) – **quaisquer encadeamentos**.

Quando a **marcha** é formada com acordes pertencentes a um só tom chama-se **marcha unitônica**.

A **marcha** pode ser **ascendente** ou **descendente**

Para conservar corretamente a extensão limitada de cada voz é necessário: a) – **não começar a marcha ascendente nas notas muito agudas;** ou b) – **a marcha descendente nas notas muito graves**.

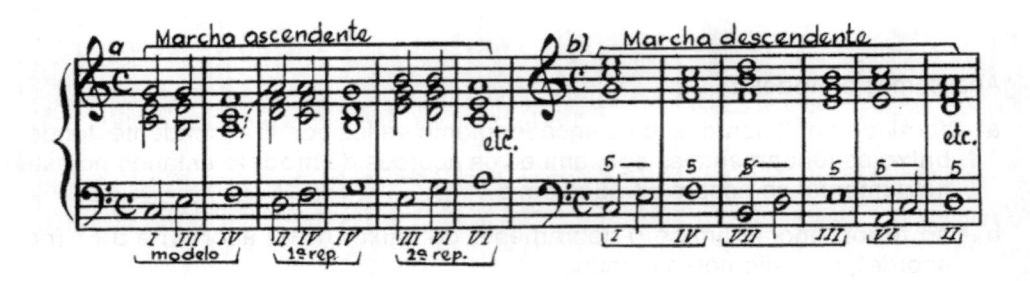

A **marcha** pode ser **regular ou irregular**.

É **regular** a **marcha** cujos intervalos se reproduzem fielmente sem a mínima alteração. Todos os exemplos dados são de **marchas regulares**.

É **irregular** a **marcha** que modifica, ainda que ligeiramente, uma ou outra das suas **reproduções,** quebrando a absoluta **simetria** exigida.

HARMONIA - DA CONCEPÇÃO BÁSICA À EXPRESSÃO CONTEMPORÂNEA   79

Ao término da marcha cessam, com o último acorde, todas as licenças que lhe são facultadas e entram em vigor as normas praticadas habitualmente.

EXERCÍCIOS

1 – Baixos dados para o emprego das marchas harmónicas:

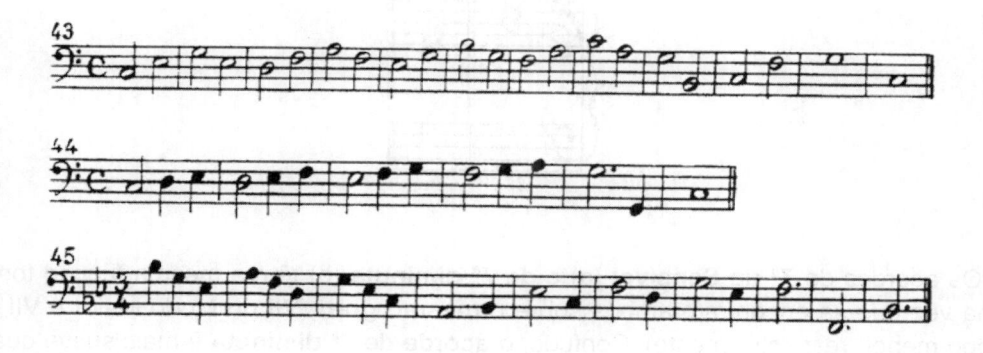

UNIDADE 19
HARMONIA DISSONANTE NATURAL

São 6 os acordes dissonantes naturais:

1) – **acorde de 5ª diminuta** (VII grau de ambos os modos e II grau do modo menor).
2) – **acorde de 7ª da Dominante** (V grau do Modo Maior e do modo menor).
3) – **acorde de 7ª da Sensível** (VII grau do Modo Maior).
4) – **acorde de 7ª Diminuta** (VII grau do modo menor).
5) – **acorde de 9ª Maior da Dominante** (V grau do Modo Maior).
6) – **acorde de 9ª menor da Dominante** (V grau do modo menor).

O **acorde de 5ª diminuta** já foi devidamente estudado no estado fundamental e suas inversões.

O **acorde de 7ª da Dominante,** em ambos os modos, é empregado frequentemente e torna a harmonia do V grau muito mais rica, muito mais imponente.

Os acordes de **7ª da Sensível** (a) **e de 7ª diminuta** (b) têm a mesma função tonal, uma vez que se encontram ambos sobre o **mesmo grau** (VII do Modo Maior e VII do modo menor, respectivamente). Contudo, **o acorde de 7ª diminuta** é mais suave que o acorde de **7ª da Sensível,** isto porque o acorde de **7ª da Sensível** tem um intervalo de 7ª menor sobre o VII grau (sensível), intervalo um tanto áspero; ao passo que, o acorde de **7ª diminuta,** como seu próprio nome indica, tem sobre o VII grau (sensível) intervalo de 7ª diminuta, muito mais brando, muito mais suave que o de 7ª menor.

HARMONIA - DA CONCEPÇÃO BÁSICA À EXPRESSÃO CONTEMPORÂNEA

Assim sendo, o emprego do acorde de **7ª diminuta** é muito mais frequente que o de **7ª da Sensível,** uma vez **que a 7ª diminuta** ameniza a aspereza, própria da 7ª menor.

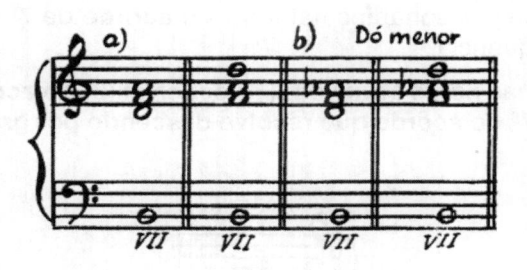

Os **acordes de 9ª Maior** (a) **e 9ª menor da Dominante** (b) têm também a mesma função tonal (ambos no V grau, do Modo Maior ou do modo menor), e tornam mais intensa a harmonia do V grau.

Estudaremos nas próximas unidades cada um desses acordes, particularmente.

UNIDADE 20
ACORDE DE 7ª DA DOMINANTE

De todos os acordes dissonantes naturais é o **acorde de 7ª da Dominante** o que se usa com mais frequência.

Tem este acorde duas **notas atrativas**: 1) a **sensível (3ª do acorde) que resolve subindo à tônica**. 2) a **7ª do acorde que resolve descendo por grau conjunto**.

Há neste acorde 3 notas que não devem ser suprimidas: a **fundamental**, a **3ª (sensível)** e a **7ª**. Assim sendo, a nota que se suprime neste acorde é a 5ª (a menos importarte).

Cifragem do estado fundamental: 7⁺

A cruz (+) abaixo do 7 refere-se à 3ª do acorde que é a **sensível** do tom ao qual pertence o acorde.

A **resolução natural** deste acorde se dá sobre o **I grau** (a) e sobre o **VI grau** (b).

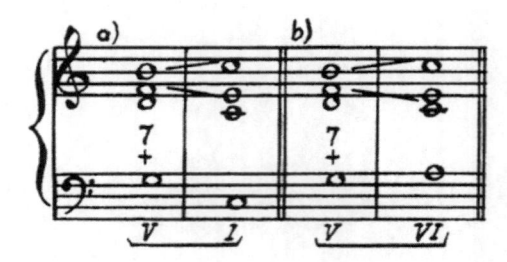

A nota que serve de resolução da 7ª só pode ser dobrada por movimento contrário, nunca por movimento direto.

HARMONIA - Da Concepção Básica À Expressão Contemporânea

Observações: esta norma é comum a todos os acordes dissonantes naturais de 4 e 5 sons.

Vejamos:

a) – a nota que serviu de resolução da 7ª (mi), está dobrada por **movimento contrário** – certo.

b) – a nota que serviu de resolução da 7ª (mi), está dobrada por **movimento direto** – errado.

Vejamos como se procede para **resolver naturalmente o acorde de 7ª da Dominante no estado fundamental**.

Resolução sobre o I grau.

Se o **acorde de 7ª da Dominante** resolver no **I grau** também no **estado fundamental**, um dos dois deve ficar incompleto (sem a 5ª).

a) – 7 completo.
 +
 I grau incompleto e com o baixo triplicado.

b) – 7 completo.
 +
 I grau incompleto, com o baixo dobrado e a 3ª dobrada.

c) – 7 incompleto (sem a 5ª) e com o baixo dobrado.
 +
 I grau completo.

A resolução do acorde de 7ª da Dominante no estado fundamental, sobre o I grau na 1ª inversão deve ser evitada.

a) – a nota que serve de resolução da 7ª está **dobrada por movimento direto – proibido**.

b) – embora esteja a nota que serve de resolução da 7ª **dobrada por movimento contrário**, é bastante **fraco** o efeito de tal resolução, devendo ser portanto **evitada**.

Se o acorde de 7ª da Dominante resolve sobre o I grau na 2ª inversão, este deverá ser um acorde de 4^6 em forma de bordadura (baixo preparado e prolongado). Este acorde de 4^6 poderá também seguir como acorde de passagem.

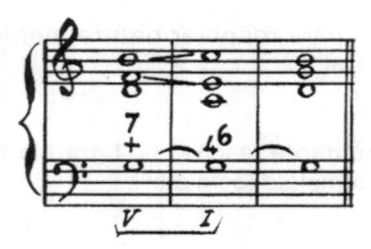

Resolução sobre o VI grau.

Se o **acorde de 7ª da Dominante** resolve sobre o **VI grau**, **ambos** devem estar **sempre** no **estado fundamental**, ficando o VI grau com a 3ª dobrada.

Resolução do acorde de 7ª da Dominante nas 3 inversões.

Observa-se que: 1) se o **acorde de 7ª da Dominante** está **invertido** só faz **bom efeito** se resolver sobre o **I grau**. 2) o **acorde de 7ª da Dominante** quando **invertido** deve estar, de preferência, **completo**.

a) – **1ª inversão** — cifragem 5 (lê-se 5ª diminuta e 6ª) – resolve sobre o **I grau no estado fundamental**.

b) – **2ª inversão** – cifragem +6 (lê-se 6ª sensível) – resolve sobre o **I grau no estado fundamental** ou na **1ª inversão**.

c) – **3ª inversão** – cifragem +4 (lê-se 4ª sensível ou **trítono** – a denominação mais comum) – resolve sobre o **I grau na 1ª inversão**.

Também se permite: 1) que a **7ª do acorde de 7ª da Dominante suba por grau conjunto,** principalmente se a 7ª formar consonância com o baixo.

2) – que a **sensível** em vez de subir à tônica faça movimento de salto
   a) – para a dominante ou, b) – para a mediante.

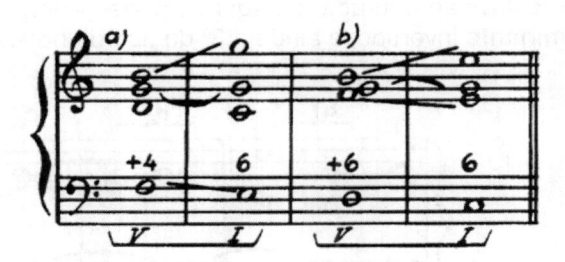

Essas duas licenças devem contudo, ser praticadas com reserva, isto é, quando realmente se fizerem necessárias.

Na **mudança de posição** permite-se o dobramento de qualquer nota atrativa deste acorde, desde que venha desdobrada no momento de resolver o acorde.

Na **mudança de posição** evita-se a troca da fundamental pela 7ª, cujo efeito não é bom.

Na **mudança de posição** é frequente suprimir qualquer nota do acorde de 7ª da Dominante, inclusive notas atrativas, até mesmo a sensível (3ª do acorde).

Se convier à uma realização apurada e elegante, pode-se **suprimir a 3ª ou a 5ª do acorde** de 7ª **da Dominante** invertido, e ainda a 3ª do acorde no estado fundamental.

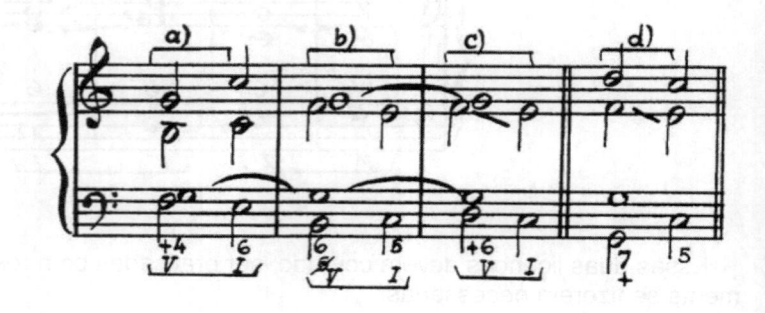

Observemos:
a) – **acorde de 7ª da Dominante na 3ª inversão** – (+4 trítono) sem a 5ª do acorde.

HARMONIA - DA CONCEPÇÃO BÁSICA À EXPRESSÃO CONTEMPORÂNEA 87

b) – **acorde de 7ª da dominante na 1ª inversão** ($^6_5$) sem a 5ª do acorde.

c) – **acorde de 7ª da Dominante na 2ª inversão** (+6) sem a 3ª do acorde (sensível), isto é, justamente sem a nota à qual se prende a cifragem (+6 – 6ª sensível).

d) – **acorde de 7ª da Dominante no estado fundamental** sem a 3ª do acorde (sensível), nota indicada na cifragem pela +.

Tais licenças devem ser aplicadas sobriamente, em caso de rigorosa precisão.

EXERCÍCIOS

1 – Determinar o tom e resolver os acordes de 7ª da Dominante no estado fundamental e invertido.

2 – Resolver o acorde de 7ª da Dominante (no estado fundamental e nas inversões), nos tons de Ré menor, Si maior, Sol ♯ menor e Lá ♭ maior.

3 – Baixos dados para o emprego do acorde de 7ª da dominante.

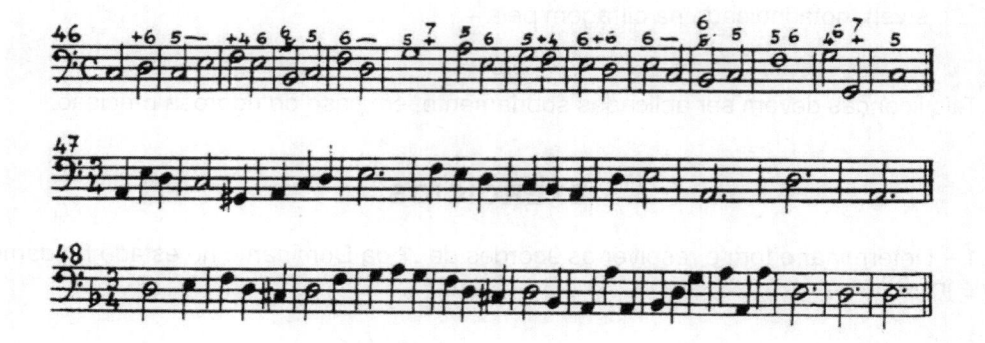

UNIDADE 21
CANTO DADO

Chama-se **canto dado** à melodia escrita para a voz mais aguda de um **coro**. Essa voz é, geralmente, o **soprano**. **Realizar um canto dado** significa formar e encadear os acordes baseando-se nas notas do **canto dado** e assim, completar a harmonia construindo as melodias correspondentes às demais vozes do **coro**.

Exemplo de **canto dado** e sua **realização**:

Canto dado

Canto realizado

Todas as normas estudadas nas unidades anteriores continuam em vigor e devem ser **rigorosamente** respeitadas.

Para bem conduzir a **escolha dos acordes,** ajustá-los **aos melhores encadeamentos** e conseguir uma apurada **realização** – observa-se o seguinte:

1) – cada nota do **canto dado** pode ser considerada como **fundamental, 3ª** ou **5ª** de um acorde de 3 sons, logo, cada nota pode pertencer a 3 acordes. Cada nota comporta portanto, **3 graus diferentes**.

Tomemos como exemplo a nota **sol:**

Em Dó **Maior:**

a) – sol – tomada como **fundamental** – é **V grau**.
b) – sol – tomada como **3ª** – é **III grau**.
c) – sol – tomada como **5ª** – é **I grau**.

2) – Dos 3 acordes possíveis escolhe-se aquele cujo grau melhor **encadeamento** fizer com o grau do acorde anterior.

3) – O **canto dado** se inicia, geralmente, com uma das três notas do acorde da tônica; assim, deverá o **canto, dado,** de preferência, começar com o **I grau**.

4) – O **canto dado** termina, geralmente, com uma das três notas do acorde da tônica, possibilitando assim, concluir a harmonização com o **I grau**.

5) – Respeitar, **rigorosamente,** as **cadências** e suas fórmulas, usando no decorrer do trecho, preferivelmente, as **cadências: imperfeita, interrompida, à dominante** ou **meio-cadência**. A **cadência perfeita** deve ser reservada para o término do período, e, se possível, confirmada pela **cadência plagal**.

Vejamos como proceder para a **escolha dos acordes e dos bons encadeamentos:**

Canto dado:

Acordes possíveis, escolha dos bons encadeamentos e melhor baixo cifrado, ajustado ao **canto dado:**

Canto dado harmonizado, com as **cadências** marcadas:

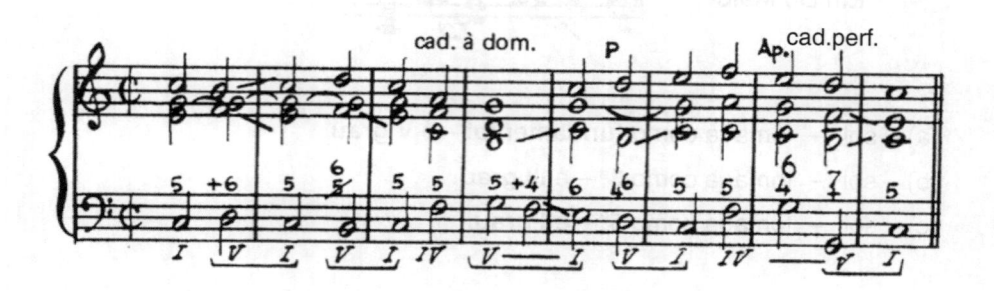

HARMONIA - Da Concepção Básica À Expressão Contemporânea

Conselhos que facilitam a escolha dos encadeamentos no canto dado: Quando há no **canto dado** os seguintes movimentos melódicos:

1) – a) 7º – 1º
    b) 2º – 1º   encadeamento preferível:
    c) 2º – 3º   V – I (com a cifragem que melhor convier).
    d) 4º – 3º

Nota: 1 – indicamos os **graus** que aparecem no **canto** com **algarismos arábicos**; os **graus** que indicam as **fundamentais** dos acordes, com algarismos **romanos**.

        2 – o acorde do V grau poderá, em qualquer caso, ser simplesmente um acorde perfeito Maior ou um acorde de 7ª da Dominante, conforme melhor convenha à harmonização do **canto dado**.

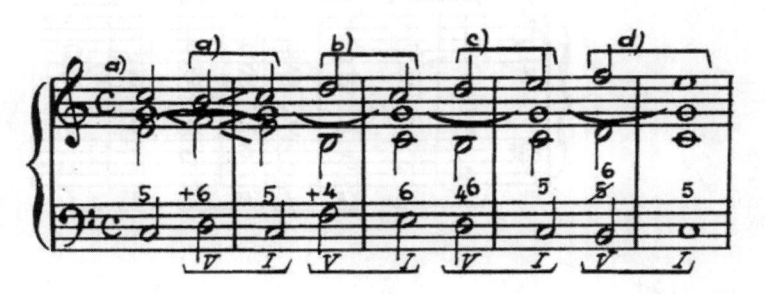

2) – 7º – 6º   encadeamento III – IV
                (ambos no estado fundamental).

Neste movimento melódico, no modo menor, emprega-se a **subtônica** no 7º grau.

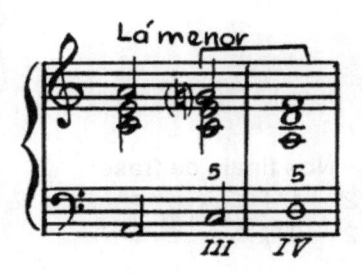

3) – a) 5º – 1º   +4 6
    b) 2º – 5º   encadeamento   V – I

Geralmente este salto de 4ª (5º – 1º ou 2º – 5º) se encontra de um compasso para outro.

4) – 5º – 5º } encadeamento V–I

Geralmente as duas dominantes (5º – 5º) se encontram de um compasso para outro.

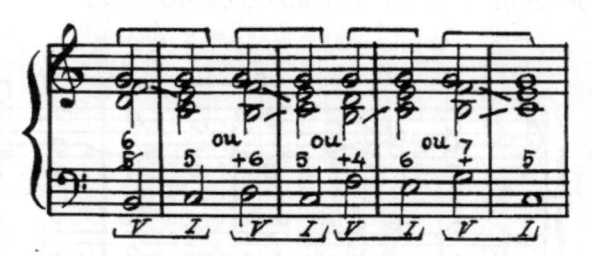

5) – 7º – 1º } encadeamento V–VI
(ambos no estado fundamental)

Este encadeamento é **ótimo** e deve ser usado com frequência, para variar o efeito harmônico mais comumente empregado – V–I.

6) – **Nos finais de frase:**
a) 2º – 1º }
b) 2º – 3º }   II $\genfrac{}{}{0pt}{}{6}{4}$ $\genfrac{}{}{0pt}{}{5}{V}$

c) 4º – 3º }   IV $\genfrac{}{}{0pt}{}{6}{4}$ $\genfrac{}{}{0pt}{}{5}{V}$

O 2º e o 4º graus no canto dado conservam o seu próprio grau II ou IV e no grau seguinte, respectivamente, 1º ou 3º no canto dado usa-se o V grau cifrado com 4^6 (forma de apogiatura) – para que seja mantida a **fórmula da cadência.** Em qualquer desses movimentos (a-b-c) cabe uma das seguintes **cadências: perfeita,** ou **imperfeita,** ou **à dominante** (com resolução feminina) ou **interrompida.**

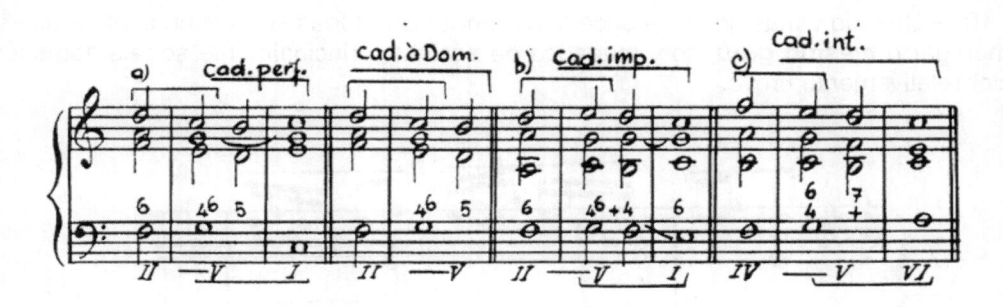

7) a) 5º – 7º   d) 7º – 2º
   b) 5º – 2º   e) 7º – 5º
   c) 5º – 4º   f) 7º – 4º   encadeamento V– (com mudança de posição).

8) – 5º – 4º – 3º }   encadeamento V – I
   $\begin{matrix} 6 - 5 \\ 5 \end{matrix}$

Geralmente o 5º e o 4º estão em um compasso e o 3º está no 1º tempo do compasso seguinte.

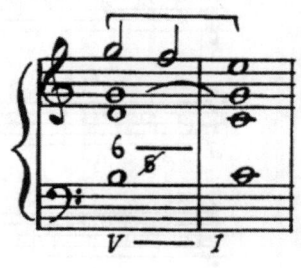

9) – Qualquer **nota repetida** no **canto dado** pede **grau diferente em cada nota,** para quebrar a monotonia que traz a insistência do mesmo acorde.

10) – Quando várias notas se sucedem e pertencem todas ao mesmo acorde, usa-se empregar o **mesmo grau**, com mudança de posição, principalmente se tais notas têm valor relativamente breve.

11) – As normas para a **escolha dos encadeamentos** devem ser **severamente** observadas.

EXERCÍCIOS

1– Cantos dados – escolher bons encadeamentos, ajustar os baixos, cifrar e realizar a 4 vozes. Marcar as cadências.

UNIDADE 22
ACORDES DE 7ª DA SENSÍVEL E DE 7ª DIMINUTA

Como já dissemos na Unidade 19 (**Harmonia dissonante natural**) estes acordes – **7ª da Sensível e 7ª Diminuta** – têm a mesma função tonal, uma vez que ambos se encontram no VII grau das escalas, respectivamente, do Modo Maior e do Modo menor.

Têm ambos três notas atrativas:
1) – **a sensível (fundamental) que resolve subindo para a tônica**.
2) – **a 5ª do acorde que resolve descendo por grau conjunto**.
3) – **a 7ª do acorde que resolve descendo por grau conjunto**.

Resolvem estes acordes, naturalmente, sobre o **I grau**.

Cifragem do estado fundamental:

a) – **7ª da sensível** – $\frac{7}{5}$
b) – **7ª diminuta** – $\rlap{/}7$

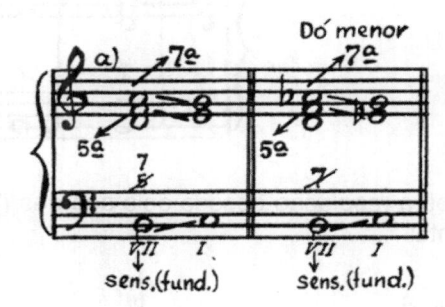

Os acordes de **7ª da sensível** e de **7ª diminuta** diferem apenas no intervalo de 7ª – **o acorde de 7ª da sensível** tem **7ª menor** e o **acorde de 7ª diminuta, tem**, como lembra o seu nome, **7ª diminuta**.

Além das notas atrativas há ainda uma norma a observar, porém, somente no Modo Maior (no acorde de **7ª da sensível**).

A norma é a seguinte: **o intervalo de 7ª que se encontra entre a fundamental e a última nota do acorde deve ser rigorosamente guardado**.

Em outras palavras, a 7ª do acorde de 7ª da sensível não deve figurar abaixo da fundamental (sensível).

Quando o acorde se encontra no **estado fundamental,** não há necessidade de preocupação na observância desta norma, pois o próprio estado do acorde, com a sensível no baixo, já obriga a 7ª a figurar em qualquer voz superior ao baixo.

O acorde de **7ª diminuta** dispensa que se guarde o intervalo de 7ª da fundamental, pois, como já dissemos na Unidade 19 **(harmonia dissonante natural)** sendo a 7ª diminuta, ela é muito mais suave, muito mais atenuada. que a 7ª do acorde de **7ª da sensível,** que é uma 7ª menor.

Contudo, estando o acorde de **7ª diminuta** (modo menor) no estado fundamental, o intervalo de 7ª da fundamental (sensível) estará obrigatoriamente guardado (caso idêntico ao acorde de **7ª da sensível** do modo maior).

Vejamos a resolução desses dois acordes **(7ª da sensível e 7ª diminuta)** no estado fundamental.

a) – o acorde de **7ª da sensível** e o acorde de **7ª diminuta** estão na **ordem indireta,** o que resulta numa resolução sem problemas.

b) – o acorde de **7ª da sensível** e o acorde de **7ª diminuta** estão em **ordem direta**. Temos, neste caso, que atentar no dobramento do I grau. Se dobrarmos o baixo do I grau teremos infalivelmente duas 5ᵃˢ consecutivas (entre o tenor e o soprano). Para evitar tais 5ᵃˢ é preciso dobrar a 3ª do I grau (resultado em uníssono).

c) – observem que, tanto o acorde de **7ª da sensível,** como o acorde de **7ª diminuta** fizeram **resolução antecipada da 7ª**. Esta **resolução antecipada da 7ª** transformou o acorde de **7ª da sensível** e o acorde de **7ª diminuta** em um acorde de **7ª da Dominante** (V grau). E assim, é possível dobrar o baixo do I grau, pois, embora aí se encontrem as duas 5ᵃˢ consecutivas, a segunda 5ª foi preparada pela **resolução antecipada da 7ª** dos acordes de **7ª da sensível** e **7ª diminuta**.

Chamamos a atenção para o belíssimo efeito produzido pela **resolução antecipada da 7ª** nestes acordes, o que poderá ser feito estejam os acordes no estado fundamental ou em qualquer das inversões.

Cifragem dos acordes de **7ª da sensível** e **7ª diminuta** nas inversões:

1ª inversão:
a) – 7ª da sensível $\begin{matrix}+6\\-5\end{matrix}$

b) – 7ª diminuta $\begin{matrix}+6\\-\cancel{5}\end{matrix}$

2ª inversão:
a) – 7ª da sensível $\begin{matrix}+4\\-3\end{matrix}$

b) – 7ª diminuta $\begin{matrix}+4\\3\end{matrix}$

Nota: No acorde de 7ª diminuta usa-se colocar ao lado esquerdo do 3 o sinal de alteração que convier à 7ª do acorde, uma vez que, na 2ª inversão a 7ª do acorde corresponde à 3ª do baixo.

3ª inversão:
a) – 7ª da sensível – $\begin{matrix}4\\+2\end{matrix}$

b) – 7ª diminuta – +2

Na **1ª** e na **2ª inversão** do acorde de **7ª da sensível** lembramos a necessidade de guardar o intervalo de 7ª que se acha entre a fundamental e a 7ª do acorde.

Para **não guardar tal intervalo** temos dois recursos:

a) – preparar a 7ª;

b) – abaixar a 7ª um semitom cromático (transformar o acorde de **7ª da sensível em 7ª diminuta**).

Na **3ª inversão,** uma vez que a 7ª está no baixo, não será possível guardar o intervalo de 7ª da fundamental, ou seja, colocar a 7ª acima da sensível. Neste caso, na 3ª inversão, a 7ª deverá vir **sempre** preparada no baixo. Há ainda o recurso de abaixar a 7ª e transformar o acorde de **7ª da sensível** em acorde de **7ª diminuta.**

Vejamos a resolução destes dois acordes **(7ª da sensível e 7ª diminuta)** nas inversões:

1ª inversão:

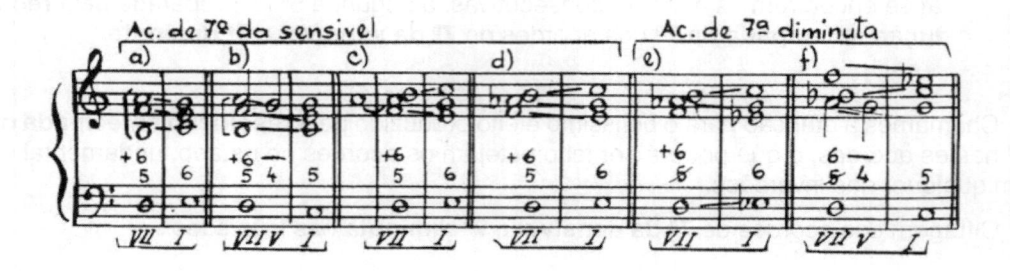

a) – acorde de **7ª da sensível,** guardando o intervalo de 7ª e resolvendo sobre o I grau na 1ª inversão.

b) – acorde de **7ª da sensível,** guardando o intervalo de 7ª e com resolução antecipada da 7ª (transformado em 7ª da Dominante – V grau) resolvendo sobre o I grau no estado fundamental.

c) – acorde de **7ª da sensível,** sem guardar o intervalo de 7ª, e com a 7ª preparada.

d) – acorde de **7ª da sensível,** sem guardar o intervalo de 7ª, porém com abaixamento da 7ª (transformada em **7ª diminuta).**

e) – acorde de **7ª diminuta** (dispensa conservar o intervalo de 7ª da fundamental) resolvendo sobre o I grau na 1ª inversão.

f) – acorde de **7ª diminuta,** com resolução antecipada da 7ª (transformado em 7ª da Dominante – V grau) resolvendo sobre o I grau no estado fundamental.

Nota: observamos que os acordes de **7ª da sensível e 7ª diminuta, na 1ª inversão,** resolvem sobre o **I grau na 1ª inversão e no estado fundamental** (neste caso, **com resolução antecipada da 7ª)**

2ª inversão:

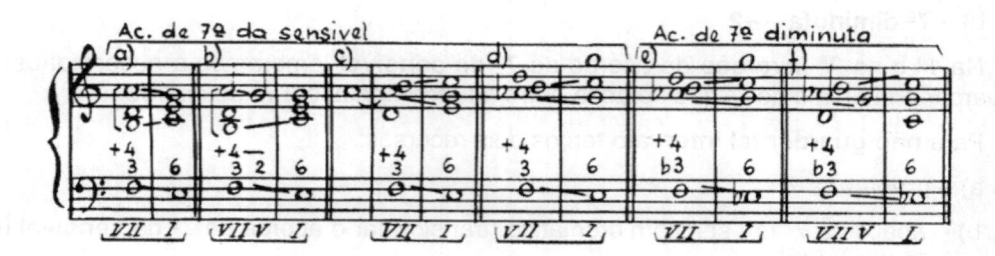

HARMONIA - DA CONCEPÇÃO BÁSICA À EXPRESSÃO CONTEMPORÂNEA

a) – acorde de **7ª da sensível,** guardando o intervalo de 7ª, resolvendo sobre o I grau na 1ª inversão.

b) – acorde de **7ª da sensível,** guardando o intervalo de 7ª, e com resolução antecipada da 7ª (transformada em 7ª da dominante – V grau).

c) – acorde de **7ª da sensível,** sem guardar o intervalo de 7ª, mas com a 7ª preparada.

d) – acorde de **7ª da sensível,** sem guardar o intervalo de 7ª, mas com a 7ª abaixada (transformada em **7ª diminuta).**

e) – acorde de **7ª diminuta,** resolvendo sobre o I grau na 1ª inversão

f) – acorde de **7ª diminuta,** com resolução antecipada da 7ª (transformado em 7ª da dominante – V grau).

Nota: observamos que os acordes de **7ª da sensível e 7ª diminuta,** na **2ª inversão** só resolvem sobre o **I grau na 1ª inversão.**

a) – acorde de **7ª da sensível** com a 7ª preparada, resolvendo sobre um acorde de 4^6 (I grau na 2ª inversão).

Observa-se que este acorde de 4^6 (de **passagens**) tem a 4º dobrada e dispensou preparação da 4ª. Este acorde de 4^6 liberou todas as regras que o acompanham por se tratar de um acorde de 4^6 resultante do movimento obrigado das notas atrativas do acorde de **7ª da sensível.**

b) – acorde de **7ª da sensível** com a 7ª preparada, resolvendo sobre um acorde de 4^6 (em forma de apogiatura).

c) – acorde de **7ª da sensível** com a 7ª preparada, e com resolução antecipada da 7ª (transformado em 7ª da dominante – V grau).

d) – acorde de **7ª sensível,** sem preparação da 7ª, porém com abaixamento da 7ª (transformado em **7ª diminuta).**

e) – acorde de **7ª diminuta** resolvendo sobre um acorde de 4^6 (de passagem), caso idêntico ao que se deu com o acorde de **7ª da sensível.**

f) – acorde de **7ª diminuta** resolvendo sobre um acorde de 4^6 (em forma de apogiatura), caso idêntico ao que se deu com o acorde de **7ª da sensível**.

g) – acorde de **7ª diminuta** com resolução antecipada da 7ª (transformado em 7ª da dominante – V grau).

    Nota: Observamos que os acordes de **7ª da sensível ou 7ª diminuta** na 3ª inversão resolvem sempre sobre o I grau na 2ª inversão (acorde de 4^6) ou com resolução antecipada da 7ª.

Observações para o emprego dos acordes de **7ª da sensível** e **7ª diminuta**:

1) – Após o acorde de 5 do VII grau (no estado fundamental ou invertido) pode juntar-se uma 7ª e transformá-lo em acorde de **7ª da sensível** ou **7ª diminuta**.

2) – Após o acorde de **7ª da sensível ou 7ª diminuta**, no estado fundamental ou invertido, pode seguir-se o de **7ª da dominante**, sem que se faça resolução antecipada da 7ª.

3) – No acorde de **7ª da sensível**, mesmo na mudança de posição, guarda-se sempre o intervalo de 7ª da fundamental, caso esta nota não venha preparada.

4) – A resolução antecipada da 7ª nos acordes de **7ª da sensível** ou **7ª diminuta** na 3ª inversão, também pode transformar estes acordes no V grau cifrado apenas com 5 (sem **7ª da dominante**).

5) – **É comum o uso dos acordes de 7ª da sensível e de 7ª diminuta, na harmonia a 4 partes, sem suprimir nem dobrar nota alguma.**
6) – Quanto ao dobramento de notas atrativas, na mudança de posição dos acordes de **7ª da sensível** ou **7ª diminuta,** observam-se as mesmas normas previstas para o mesmo caso, no acorde de 7ª da dominante. O mesmo se dá na supressão de notas.

EXERCÍCIOS

1 – Exercícios sobre os acordes de **7ª da sensível e 7ª diminuta,** no estado fundamental.

2 – Idem, na 1ª inversão.

3 – Idem, na 2ª inversão.

4 – Idem, na 3ª inversão.

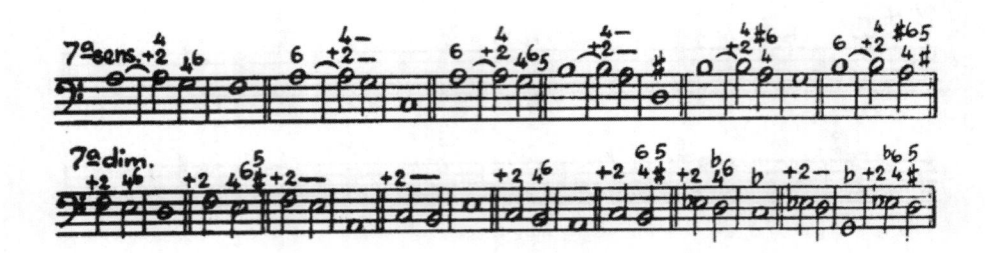

HARMONIA - Da Concepção Básica à Expressão Contemporânea

5 – Baixos dados para o emprego dos acordes de 7ª da sensível e 7ª diminuta:

6 – Cantos dados, idem.

UNIDADE 23
ACORDES DE 9ª (MAIOR E MENOR) DA DOMINANTE

O **acorde de 9ª maior da Dominante** é formado pela fusão de dois acordes: um de **7ª da Dominante** e o outro de **7ª da sensível**.

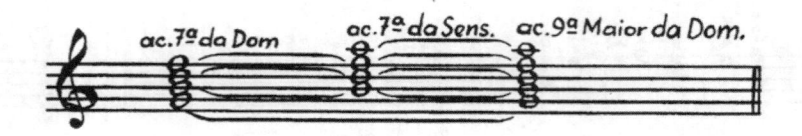

O **acorde de 9ª menor da Dominante** é também formado pela fusão dos acordes: de **7ª da Dominante** e de **7ª diminuta**.

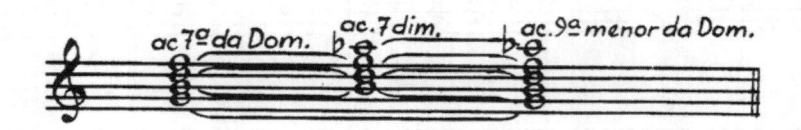

Têm os **acordes de 9ª da Dominante** três notas atrativas (as mesmas dos acordes que entram na sua formação):

1) — a **sensível (3ª do acorde) que resolve subindo à tônica.**
2) — a **7ª do acorde que resolve descendo por grau conjunto.**
3) — a **9ª do acorde que resolve descendo por grau conjunto.**

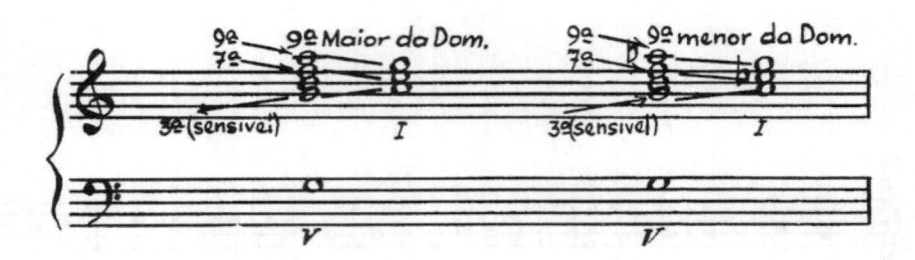

Como vimos esses acordes resolvem **naturalmente** sobre o I grau, respectivamente, do modo maior e do modo menor.

Como os **acordes de 9ª da Dominante** têm cinco notas seu emprego se faz, na **Harmonia a 4 vozes,** mediante a supressão de uma nota: a **5ª** (pois esta nota **não é atrativa).** Como sabemos, as **notas atrativas,** e a **fundamental** dos acordes não devem ser suprimidas.

Cifragem do estado fundamental:
9ª maior da Dominante   9
9ª menor da Dominante   7
                              +

Embora a cifragem seja a mesma para ambos os acordes, é comum colocar-se à esquerda do algarismo 9 o sinal de alteração que indica a **9ª maior** ou a **9ª menor**.

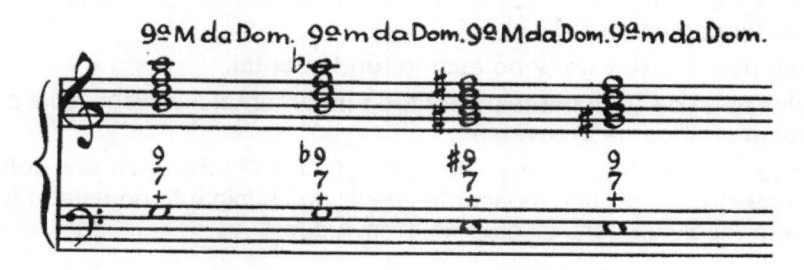

Nos **acordes de 9ª da Dominante a dissonância de 9ª deve ser rigorosamente guardada,** isto é, **a fundamental e a 9ª (seja ela maior ou menor) não devem nunca ser aproximadas, formando intervalo de 2ª**.

E ainda, no **modo maior deve-se também colocar a 9ª acima da 3ª (sensível) do acorde,** isto é, **guardar o intervalo de 7ª da sensível**.

Contudo, se a 9ª vier preparada não há necessidade de guardar o intervalo de 7ª da sensível, pois com a preparação da 9ª, o intervalo de 7ª da sensível ficará automaticamente preparado.

O **modo menor** dispensa que se guarde esse intervalo de 7ª por tratar-se de uma 7ª diminuta.

A resolução antecipada da 9ª transforma os acordes de **9ª da Dominante** em acorde de **7ª da Dominante**.

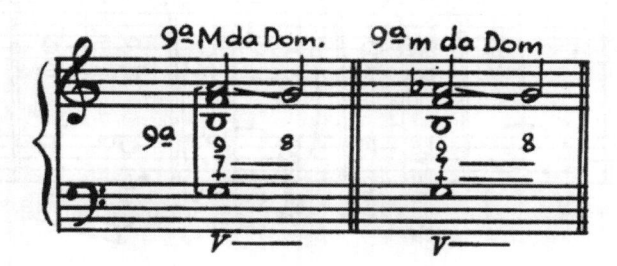

a) – **acorde de 9ª maior** – guardando os intervalos de 9ª (da fundamental) e de 7ª (da sensível).

b) – **acorde de 9ª maior** – somente foi guardado o intervalo de 9ª (da fundamental). O de 7ª (da sensível) não foi guardado (observem que a sensível e a 9ª estão formando intervalo de 2ª), pois a 9ª está preparada.

c) – **acorde de 9ª menor** – guardando o intervalo de 9ª (da fundamental) e também o de 7ª da sensível (7ª diminuta).

d) – **acorde de 9ª menor** – guardando apenas o intervalo obrigatório, isto é, o de 9ª (da fundamental).

Resolução dos acordes de 9ª no estado fundamental.

Os **acordes de 9ª da Dominante no estado fundamental** resolvem sobre o **I grau no estado fundamental ou na 2ª inversão.**

Lembramos que a nota que serve de resolução da 7ª **não deve ser dobrada por movimento direto.** Eis porque os acordes de 9ª da Dominante no estado fundamental, não devem resolver sobre o I grau na 1ª inversão.

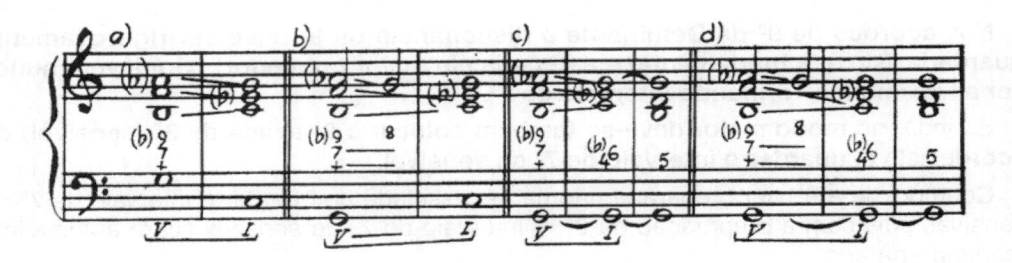

a) – **acorde de 9ª maior ou 9ª menor** – resolvendo sobre o I grau no estado fundamental.

b) – **acorde de 9ª maior ou 9ª menor** – com resolução antecipada da 9ª resolvendo sobre o I grau no estado fundamental.

c) – **acorde de 9ª maior ou 9ª menor** – resolvendo sobre o I grau na 2ª inversão.

d) – **acorde de 9ª maior ou 9ª menor** – com resolução antecipada da 9ª, resolvendo sobre o I grau na 2ª inversão.

Cifragem e resolução do acorde de 9ª Maior da Dominante nas inversões.

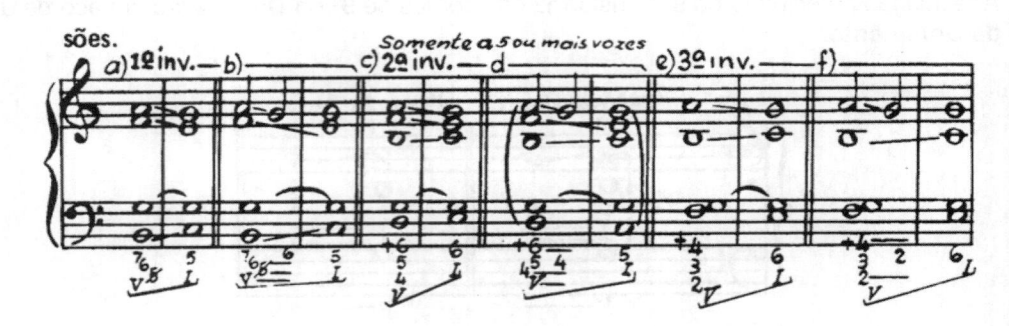

a) – **1ª inversão** – cifragem $\smash{\overset{7}{\underset{5}{6}}}$, resolve sobre o I grau no estado fundamental.

b) – Idem – com resolução antecipada da 9ª.

c) – **2ª inversão** – cifragem $\smash{\overset{+6}{\underset{5}{4}}}$, resolve sobre o grau na 1ª inversão.

d) – Idem – resolve sobre o grau no estado fundamental, porém, necessita da resolução antecipada da 9ª (para que sejam permitidas as 5ᵃˢ consecutivas entre o baixo e o soprano).

e) – **3ª inversão** – cifragem $\smash{\overset{+4}{\underset{2}{3}}}$, resolve sobre o I grau na 1ª inversão.

f) – Idem – com resolução antecipada da 9ª.

Cifragem e resolução do acorde de 9ª menor da Dominante nas inversões.

[partitura musical]

a) – **1ª inversão** – cifragem $\smash{\overset{7}{\underset{5}{6}}}$ – idem (ac. 9ª maior).

b) – Idem.

c) – **2ª inversão** – cifragem $\smash{\overset{+6}{\underset{4}{5}}}$ – idem.

d) – Idem.

e) – **3ª inversão** – cifragem $\smash{\overset{+4}{\underset{}{3}}}{2}$ – idem.

f) – Idem.

Observam-se ainda as seguintes licenças para o emprego dos acordes de 9ª da Dominante:

1) – a) – Na mudança de posição do acorde de 9ª maior da Dominante, é preciso manter **sempre** os intervalos de 9ª da fundamental e 7ª da sensível, mesmo que a 9ª e a 7ª se desloquem para outras partes.

b) – O mesmo se faz com o intervalo de 9ª, na mudança de posição do acorde de 9ª menor.

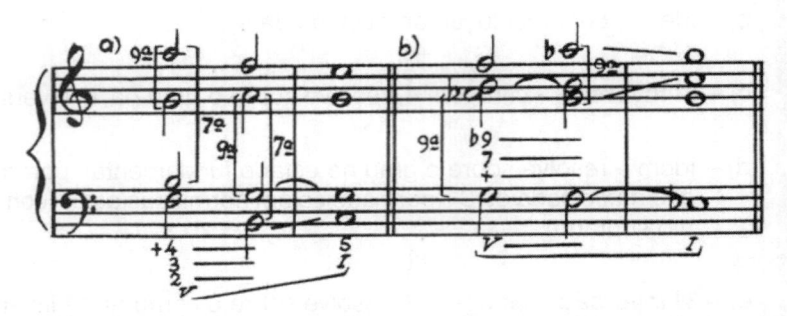

2) – Na mudança de posição dos acordes de 9ª da Dominante dobra-se qualquer nota atrativa, desde que venha desdobrada no ato de resolução do acorde.

3) – a) – Assim como o acorde de 7ª da Dominante pode ser acrescido de uma 9ª antes de resolver, e transformar-se em 9ª da Dominante.
   b) – Também o acorde de 9ª da Dominante pode ter a 9ª suprimida antes de resolver e transformar-se em 7ª da Dominante.

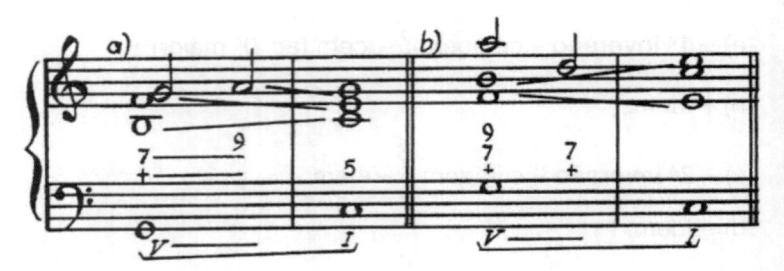

4) – Estando o trecho (seja **baixo dado** ou **canto dado**) no **modo maior,** permite-se, pois faz ótimo efeito, o **emprego por empréstimo do acorde de 9ª menor da Dominante.**

A operação inversa não se pratica pois não produz tão bom efeito.

5) – Nos acordes de 9ª da Dominante coloca-se, de preferência, a dissonância de 9ª na parte superior.

EXERCÍCIOS

1 – Exercícios sobre acorde de 9ª Maior e 9ª menor da Dominante no estado fundamental.

2 – Idem, na 1ª inversão.

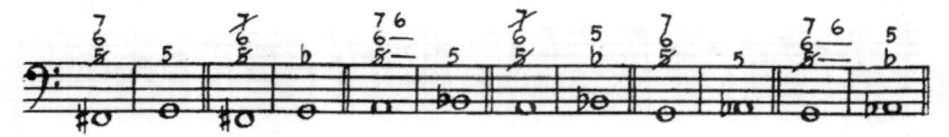

3 – Idem, na 2ª inversão (somente 5 partes).

4 – Idem, na 3ª inversão.

5 - Baixos cifrados para o emprego de acordes de 9ª Maior e menor da Dominante.

6 – Baixos dados não cifrados, para emprego de acordes de 9ª Maior e menor da Dominante.

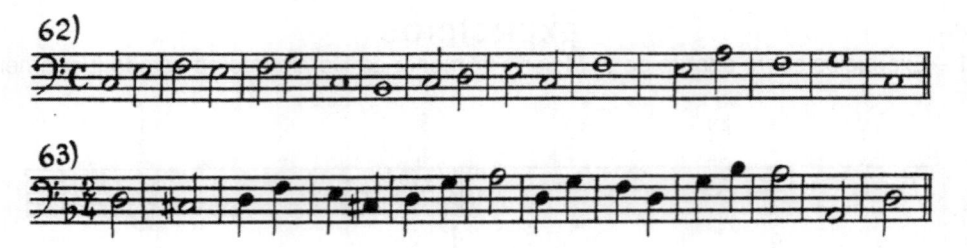

62)

63)

7 – Cantos dados, idem.

64)

65)

UNIDADE 24
MODULAÇÃO AOS TONS VIZINHOS

Os 30 tons (15 do modo maior e 15 do modo menor) que formam o **sistema tonal tradicional** (conforme regem as leis do **temperamento universal),** guardam entre si, relação de maior ou menor afinidade.

Nota: Lembramos que a lei física do **temperamento universal** é aquela que iguala o **semitom diatônico** e o **semitom cromático** (ficando cada um com 4 1/2 comas), eliminando os antigos **semitom maior** e **semitom menor.**

Os tons que, entre si, guardam maior **afinidade** são chamados tons vizinhos. O tom do qual se procuram os **vizinhos** recebe o nome **de tom principal** ou **primitivo**:

São **vizinhos** do **Tom principal** ou **primitivo**

a) – o seu **relativo.**

b) – o tom que tem como tónica a **Dominante** do tom principal. ⎫
⎬ **Vizinhos diretos**
c) – o tom que tem como tónica a **Subdominante** do tom principal. ⎭

Nota: os tons b) e c) devem ser do **mesmo modo do tom principal.**

d) – **o relativo do tom da Dominante.** ⎫
⎬ **Vizinhos indiretos**
e) – **o relativo do tom da Subdominante.** ⎭

Exemplo: **Sol maior (tom principal** ou **primitivo) – Mi menor** (tom relativo), **Ré maior** (tom da Dominante), **Dó maior** (tom da Subdominante) – **Vizinhos diretos** – **Si menor** (relativo do tom da Dominante), **Lá menor** (relativo do tom da Subdominante) – **Vizinhos indiretos.**

A afinidade tonal se faz sentir, com maior ou menor intensidade, quando os tons se entrelaçam e se permutam no transcurso de um trecho musical.

Modular consiste, pois, em mudar de um tom para outro, no decorrer de um trecho de música.

Um **trecho modulante** deve ser iniciado no **tom principal,** e com ele deve ser o trecho terminado.

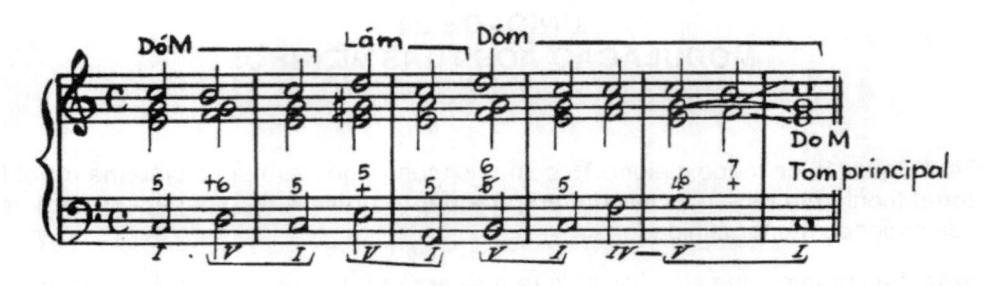

As notas que têm som igual em tons diferentes chamam-se **notas comuns;** as que têm som diferente são chamadas **notas características ou notas diferenciais.**

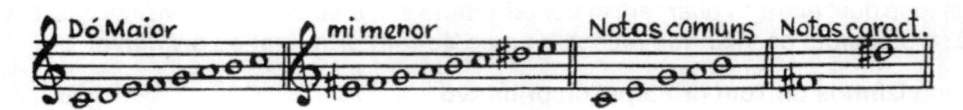

Acorde transitivo é aquele que processa a modulação.

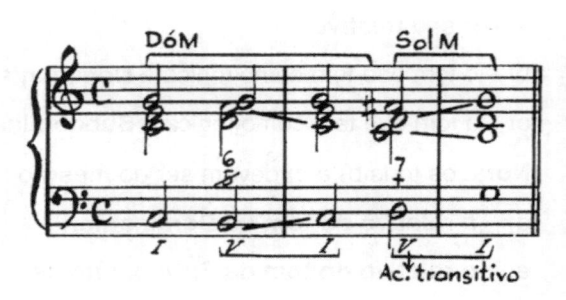

Acorde comum (ou misto) é o acorde formado com **notas comuns** a dois ou mais tons diferentes.

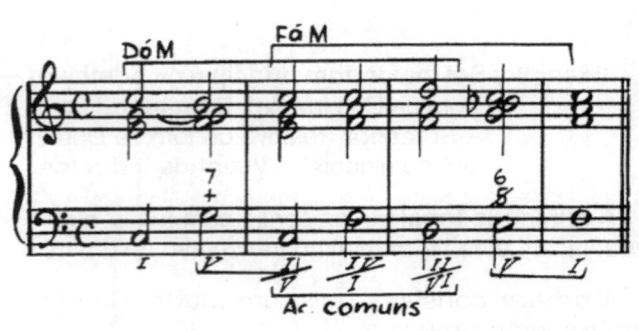

Modulação definitiva é a passagem de um tom, para outro tom que se instala e assume feição de destaque no trecho. Para bem caracterizar a modulação definitiva, esse novo tom deve terminar um período, ou fazer repouso cadenciai bem pronunciado.

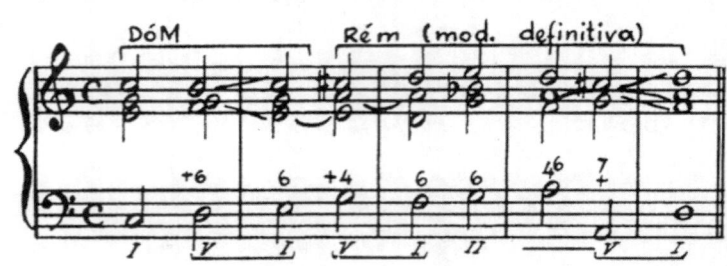

Modulação passageira é a passagem rápida de um tom para outro, sem, contudo, dar vulto à modulação.

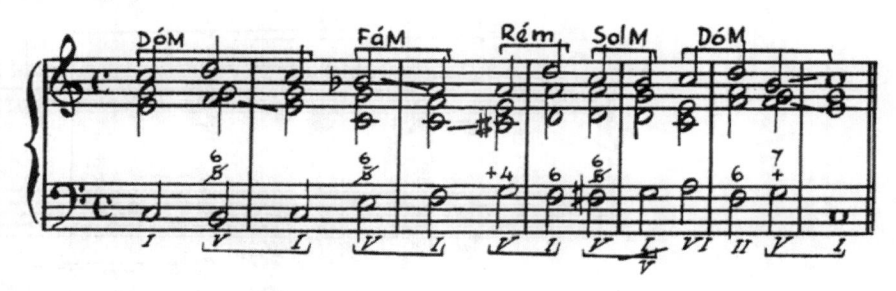

Modulação clara ou descoberta é aquela que faz aparecer no canto ou no baixo dado a característica do novo tom.

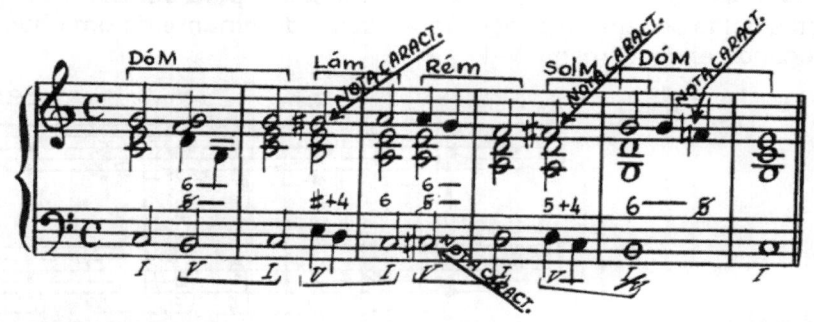

Modulação encoberta é aquela que só faz aparecer a **nota característica** do novo tom **nas vozes intermediárias,** deixando, muitas vezes, dúvidas, no **canto dado** ou no **baixo dado,** se estes são **modulantes** ou **unitônicos.**

A **modulação aos tons vizinhos** se opera por meio de dois processos:
1) – provocada com a nota característica que se encontra no V grau ou no VII grau do tom para o qual se modula.

2) – efetuada com os **acordes comuns** aos dois tons, isto é, ao tom em que está o trecho e ao tom para o qual se efetua a modulação.

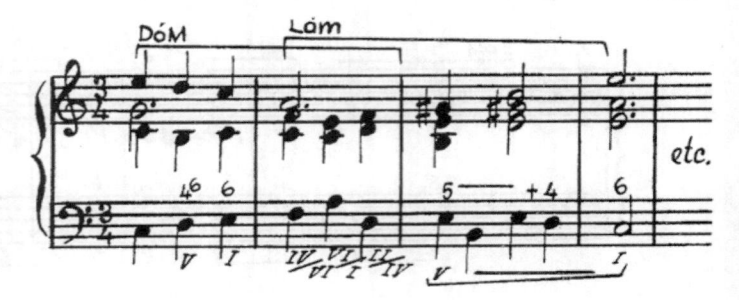

Conselhos que facilitam a prática das **modulações** no **canto dado:**
1) – **duas notas iguais, repetidas, de um compasso para outro:**
Estas notas podem ser consideradas como **dominante de um novo tom,** empregando encadeamento V–I.

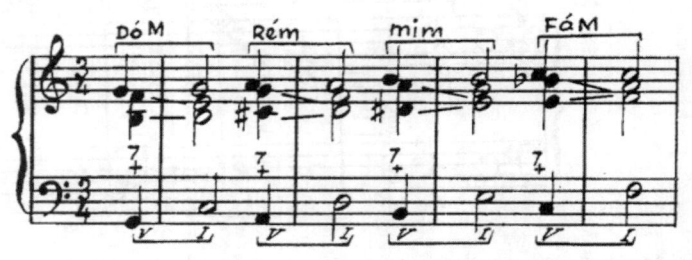

2) – o salto de 4ª de um compasso para outro, poder ser considerado 5ª e 1ª de **um novo tom** ou ainda 2ª e 5ª **de outro tom.** Em ambos os casos, usa-se, com bom efeito, o encadeamento +4 6
V – I

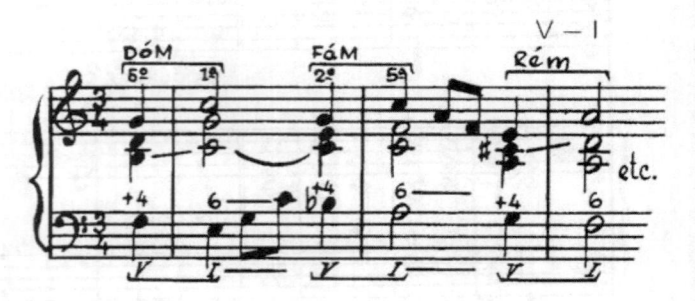

3) – quando a sensível aparece abaixada um semitom cromático e desce por grau conjunto:

A sensível abaixada passa a ser a 7ª de um acorde de 7ª da Dominante, de **um novo tom.** V–I.

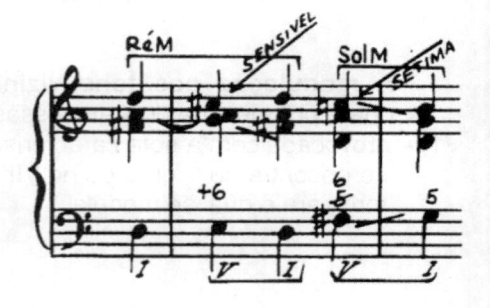

HARMONIA - Da Concepção Básica À Expressão Contemporânea

Esta norma também se aplica no Baixo dado:

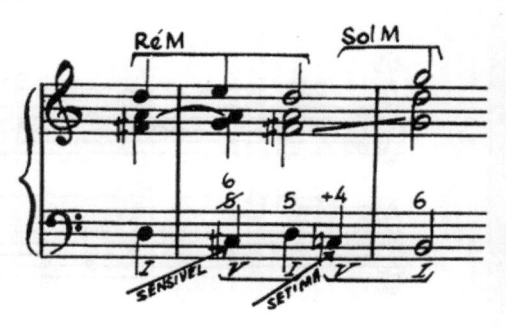

EXERCÍCIOS

1 – Baixos dados modulantes:

2 – Cantos dados modulantes:

UNIDADE 25
ACORDES DE 7ª E DE 9ª SOBRE-TÔNICA
(dissonantes artificiais)

Estes acordes consistem na colocação dos acordes de 7ª (da Dominante, da Sensível e de 7ª Diminuta) e de 9ª Maior ou menor da Dominante sobre o I grau (tónica). A resolução natural destes acordes se faz sobre a mesma tónica, sendo, devidamente respeitadas as suas notas atrativas.

Cifragem dos acordes de 7ª e 9ª sobre-tônica:

Acorde de 7ª da Dominante sobre-tônica – +7.

Acorde de 7ª da Sensível ou 7ª diminuta sobre-tônica – $+7_6$

Acorde de 9ª Maior ou menor sobre-tônica – $+7_{6_5}$

Nestes acordes suprime-se, de preferência, a nota que não seja atrativa.

Obs. sobre o acorde +7 – A supressão da sensível no acorde de 7ª da Dominante sobre-tônica é permitida, sem que o acorde perca a sua personalidade.

Obs. sobre o acorde $+7_6$ – No acorde de 7ª da sensível do **modo Maior** sobre-tônica, convém guardar o intervalo de 7ª da fundamental do acorde, ou seja, o **intervalo de 7ª da sensível.** No modo menor, como a 7ª é diminuta, dispensa-se a conservação da 7ª.

Obs. sobre o acorde $+7_{6_5}$ – Os acordes de 9ª Maior e Menor da Dominante são empregados na harmonia a 5 vozes (guardando o intervalo de 9ª Maior ou menor da fundamental e o de 7ª da sensível no acorde de 9ª Maior). Na harmonia a 4 vozes seu emprego é mais restrito, e obriga à supressão da sensível ou da 7ª.

Para empregar os acordes de **7ª e 9ª sobre-tônica,** observam-se as seguintes condições:

1) – o acorde de **7ª ou 9ª sobre-tônica** deve ser **praticado em tempo forte,** e a **sensível deve ter sido ouvida em qualquer parte do acorde anterior.** O efeito destes acordes é de dupla ou tripla apogiatura. Quando os acordes de 7ª ou 9ª sobre-tônica são assim empregados, diz-se que estão em **forma de apogiatura.**

2) – o acorde de **7ª ou 9ª sobre-tônica** deve ser **praticado sobre uma tónica preparada e prolongada.** Seu emprego se faz tanto em tempo forte como em tempo fraco. O efeito desses acordes é de dupla ou tripla bordadura. Daí, dizer-se que tais acordes estão em forma **de bordadura.**

Observações sobre o uso do **acorde de 7ª sobre-tônica:**
a) – Antes de resolver os **acordes de 7ª sobre-tônica** o baixo pode **passar pela dominante e voltar à tónica.**

b) – O acorde de **7ª da sensível sobre-tônica** poderá ser empregado sem guardar o intervalo de 7ª, se esta (7ª) vier preparada.

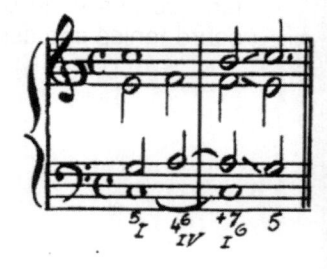

Neste caso, ainda se pode transformar o acorde de 7ª da sensível em 7ª diminuta sobre-tônica, antes da resolução.

c) – Nos finais de frase, **depois do acorde de 4^6 da dominante,** pode-se considerar a **dominante que se encontra no baixo, como uma tónica passageira.**

Sobre esta tónica passageira coloca-se o acorde de 7ª diminuta (ou 7ª da sensível ou 7ª da Dominante) e faz-se imediatamente a resolução deste acorde.

O acorde que serviu de resolução desta **7ª sobre-tônica** volta a ser o V grau do tom com o qual se estava trabalhando. Como vimos, houve uma modulação muito breve, mas o tempo suficiente para causar um belíssimo efeito na fórmula da cadência.

Dos três acordes de 7ª sobre-tônica que podem ser aí empregados, **o de 7ª diminuta** é o de melhor efeito.

EXERCÍCIOS

1) Exercícios para emprego dos acordes de 7ª e 9ª sobre-tônica Os grupos g) - h) - i) e j) devem ser realizados a 5 vozes

2) Baixos dados modulantes:

3) Canto dado unitônico.

4) Canto dado modulante.

UNIDADE 26
ACORDES DE EMPRÉSTIMO

Quando o trecho está no **modo maior** é permitido abaixar um semitom a nota que corresponde ao 6º grau da escala, tomando-a emprestada ao **tom homônimo menor**.

Esta nota poderá pertencer ao II grau (como 5ª do acorde), ao IV grau (como 3ª) ou ao próprio VI grau (como fundamental). São esses os principais **acordes de empréstimo**. Contudo, não se deve abusar dessa licença no decorrer do trecho.

Tal licença é praticada, com muito bom resultado, nas **variantes das cadências interrompida e plaga l,** como já vimos na Unidade 16 **(Cadências harmónicas).**

Também, com sobriedade, pode-se empregar **os acordes de empréstimo** do IV e II graus quando fazem parte da **fórmula de cadência.**

Usam-se ainda como **acordes de empréstimo** os acordes de 7ª **diminuta e 9ª menor da Dominante** introduzidos em realizações no **modo maior.**

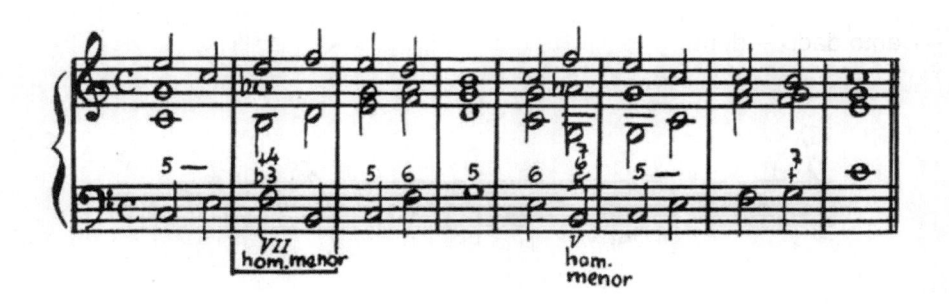

Como vemos no exemplo acima, o princípio que transformou tais acordes (7ª diminuta e 9ª menor da Dominante) **em acordes de empréstimo foi** o mesmo que originou os demais acordes dessa natureza – **abaixar um semitom o 6ª grau da escala** que, neste caso, vem recair na **7ª** do acorde da **7ª diminuta** e na **9ª** do acorde de **9ª menor da Dominante**.

Se o trecho está em **tom menor**, o emprego do I grau (na cadência perfeita) com alteração ascendente da 3ª (transformando-o em I grau do **homônimo maior**) é também um caso de **acorde de empréstimo**.

Os **acordes de empréstimo**, quando usados com habilidade, dão grande relevo à harmonização.

EXERCÍCIOS: 1

1 – Baixo dado para emprego dos acordes de empréstimo.

2 – Canto dado – idem

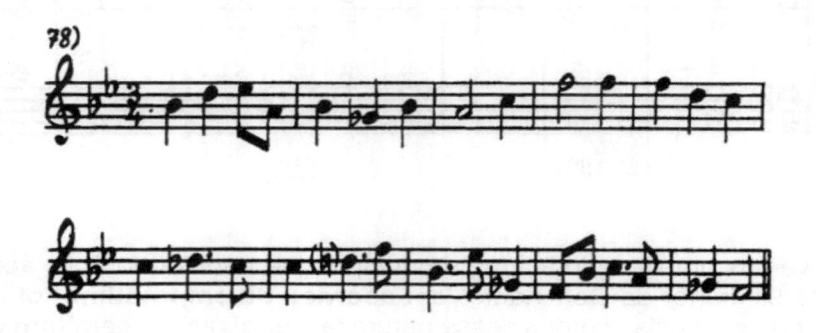

UNIDADE 27
RESOLUÇÃO SUSPENSA DOS ACORDES DISSONANTES NATURAIS

Chama-se **resolução suspensa** quando uma **nota atrativa** deixa de resolver naturalmente e **se prolonga**.

Vejamos a resolução suspensa de cada acorde, particularmente:
Acorde de 5ª diminuta do VII grau:
a) – **resolução suspensa da 5ª diminuta** – recai sobre o IV grau.

b) – **resolução suspensa da sensível** – recai sobre o III grau.

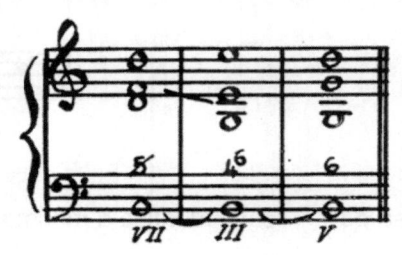

Acorde de 7ª da Dominante:
a) – **resolução suspensa da sensível** – recai sobre o III grau.

b) – **resolução suspensa da 7ª** – recai sobre o IV grau.

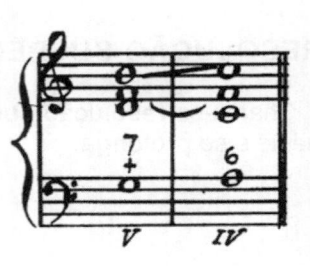

Acorde de 7ª da sensível:
a) – **resolução suspensa da 7ª** – recai sobre o VI grau. Todavia não há, propriamente, efeito de **resolução suspensa**, nem de encadeamento para o VI grau.
Sugere esta resolução, um retardo superior da 5ª do acorde do I grau.

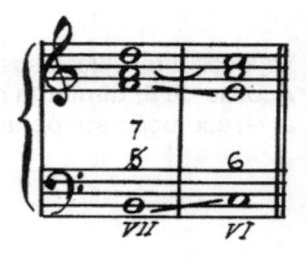

b) – **resolução suspensa da 5ª e da 7ª** – recai sobre o IV grau.

Acorde de 7ª diminuta:
a) – **resolução suspensa da 7ª** – caso idêntico à mesma resolução do acorde de 7ª da sensível.
b) – **resolução suspensa da 5ª e da 7ª** – idem, ao que se passa com o acorde de 7ª da sensível.

Acorde de 9ª maior da Dominante:
a) – **resolução suspensa da sensível** – recai sobre o III grau.

b) – **resolução suspensa da 9ª**
   – resolve sobre o VI grau.

c) – **resolução suspensa da 7ª e da 9ª**
   – recai sobre o IV grau.

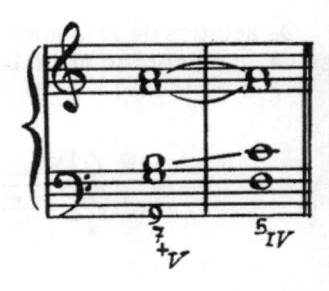

Acorde de 9ª menor da Dominante:
a) – **resolução suspensa da sensível** – caso idêntico à mesma resolução no acorde de 9ª maior da Dominante, com as vantagens de aí o acorde de III grau ser um acorde de 5ª aumentada, o que dá a essa **resolução suspensa** efeito muito moderno e original.

b) e c) – idênticas às mesmas resoluções no acorde de **9ª maior da Dominante**.

A **resolução suspensa** dos acordes dissonantes nem sempre convence como recurso para melhorar as condições harmónicas. Entretanto, com habilidade e bom gosto, pode-se, algumas vezes, dela tirar partido.

EXERCÍCIOS

Baixo cifrado

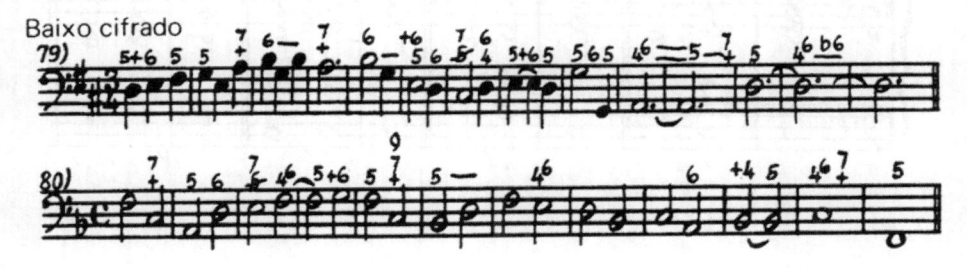

UNIDADE 28
ACORDES DE 7ª JUNTADA
(OU ACORDES DE 7ª POR PROLONGAÇÃO)

Esses acordes consistem em **juntar um intervalo de 7ª** sobre qualquer acorde de 3 sons, seja ele perfeito maior, perfeito menor, de 5ª diminuta e de 5ª aumentada.

1) NOTA: Há tratados de Harmonia que rejeitam o emprego do acorde de **7ª juntada** sobre o **acorde de 5ª aumentada.** Todavia, esse acorde tem bom efeito quando usado por harmonistas competentes e de bom gosto.

Os acordes de 7ª juntada são praticados nos seguintes graus: I – II – III – IV e VI. Como se vê, são **acordes artificiais.**

Os acordes de 7ª praticados sobre o V grau (7ª da Dominante) ou VII grau (7ª da sensível ou 7ª diminuta) são **dissonantes naturais** e têm, cada qual, sua característica e resolução próprias.

Qualquer acorde de **7ª juntada** terá sempre bom efeito se observamos o seguinte: a) deve ser empregado em **tempo forte;** b) a **7ª do acorde** deve vir **preparada** e **resolver descendo por grau conjunto.**

Cifragem:

Estado fundamental 7

1ª inversão $\frac{6}{5}$

2ª inversão $\frac{4}{3}$

3ª inversão 2

HARMONIA - Da Concepção Básica À Expressão Contemporânea 127

Verificando os exemplos:

a) — acorde de **7ª juntada do I grau**, no estado fundamental.

b) — idem, do II grau, na 1ª inversão.

c) — idem, do IV grau, na 2ª inversão.

d) — idem, do VI grau, na 3ª inversão.

Como vimos, todos os acordes de **7ª juntada** foram empregados em **tempo forte**, a **7ª veio preparada** (ou seja, originou-se da prolongação de uma nota do acorde anterior) e **resolveu descendo por grau conjunto**. Eis porque, tais acordes são também chamados – **acordes de 7ª por prolongação** ou **acordes de 7ª por analogia**.

Para que esses acordes sejam praticados em **tempo fraco** e produzam bom efeito, observa-se uma dessas licenças:

1) – o acorde de 7ª juntada deverá ser **precedido de outro acorde de 7ª** (seja ele da mesma espécie, ou de acorde de 7ª dissonante natural)

2) – o acorde de 7ª juntada deverá estar em **2º tempo**, e resolverá sobre o tempo seguinte.

3) – o acorde de 7ª juntada deverá ser do **II ou IV grau, servindo de fórmula de cadência.**

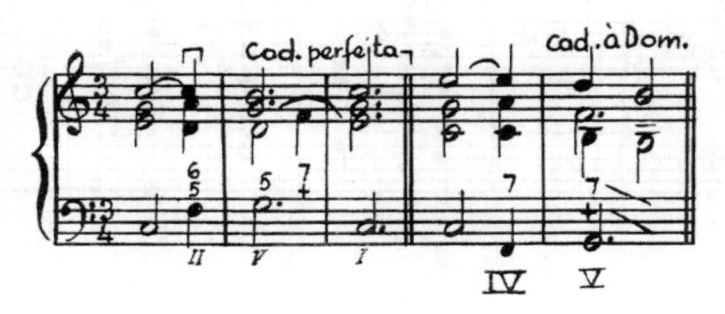

Neste último caso, a **7ª do acorde de 7ª juntada** poderá também ser **prolongada**.

Ou ainda, poderá a **7ª, após prolongar-se, subir por grau conjunto.**

Verificamos que, em:

a) – a **7ª do acorde do II grau** foi **prolongada e transformou-se em 4ª do acorde de 4⁶ da dominante.** Assim, sob esse novo aspecto subiu por grau conjunto.

b) – a **7ª do acorde do IV grau** foi **prolongada e transformou-se em 6ª do acorde de 4⁶ da dominante.** Também sob esse novo aspecto, deixou de resolver descendo e subiu por grau conjunto.

O acorde de **7ª juntada** pode **mudar de posição** à vontade, desde que respeitadas as condições já conhecidas, para que ele bem se recomende no conjunto harmônico.

HARMONIA - Da Concepção Básica à Expressão Contemporânea

EXERCÍCIOS

1 — Baixos dados cifrados unitônicos, para emprego dos acordes de 7ª juntada.

2 – Canto dado – Idem

UNIDADE 29
MODULAÇÃO AOS TONS PRÓXIMOS

Por mudança de modo — Subentendida — provocada pelo acorde de 6_4 em forma de apogiatura — pelos acordes de empréstimo.

Convém lembrar que os **tons homônimos** relacionados entre si contêm na sua armadura quantidade de alterações a mais ou a menos, ou ainda, alterações de qualidades diferentes, parecendo tratar-se de **tons afastados**.

Exemplos:

Fá♯ Maior – 6♯   Ré menor – 1♭

Fá♯ menor – 3♯   Ré Maior – 2♯

Todavia, as **teorias harmônicas** comprovam a **real afinidade** entre tais tons, uma vez que seus graus têm idêntica **função tonal**.

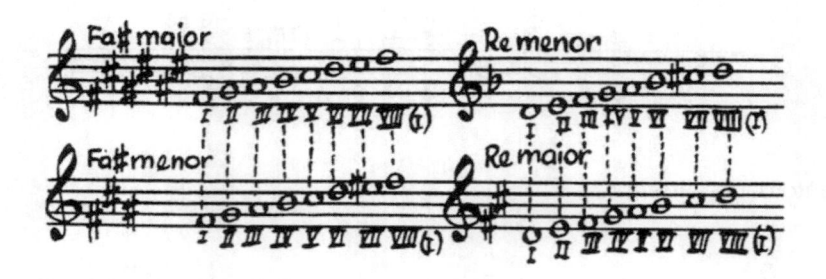

Como vimos, os **tons homônimos** não podem pertencer à categoria dos **tons afastados**.

E is porque, os **tons homônimos** são considerados **tons próximos**.

Modulação por mudança de modo

Sabemos que, entre os **tons homônimos** as **notas características** são as que correspondem ao 3º e 6º graus (graus modais).

Exemplo:

Sol Maior – 3º grau/si   – 6º grau/mi

Sol menor – 3º grau/si♭ – 6º grau/mi♭

Para efetuar a **modulação por mudança de modo**:

1) do modo Maior para o modo menor

a) transforma-se o acorde do I grau (perfeito Maior) em acorde perfeito menor, ou seja, coloca-se alteração descendente na 3ª do acorde.

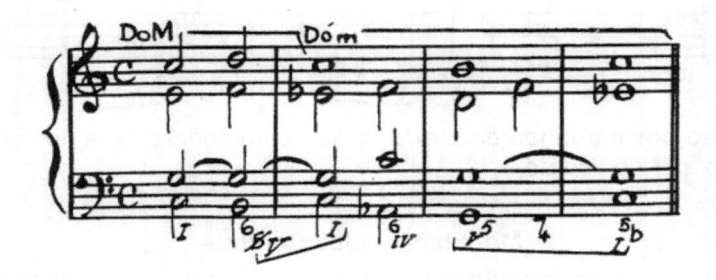

b) transforma-se o acorde do VI grau (perfeito menor) em acorde perfeito Maior, ou seja, coloca-se alteração descendente na fundamental e na 5ª do acorde.

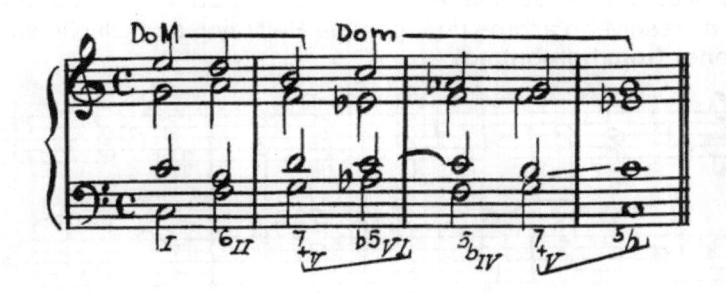

2) do modo menor para o modo Maior

a) transforma-se o acorde do I grau (perfeito menor) em acorde perfeito Maior, ou seja, coloca-se alteração ascendente na 3ª do acorde.

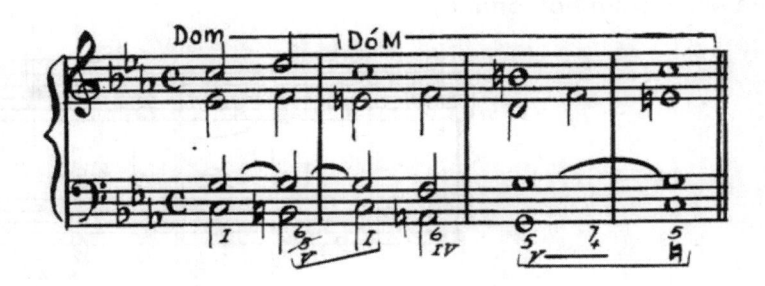

b) transforma-se o acorde do VI grau (perfeito Maior) em acorde perfeito menor, ou seja, coloca-se alteração ascendente na fundamental e na 5ª do acorde.

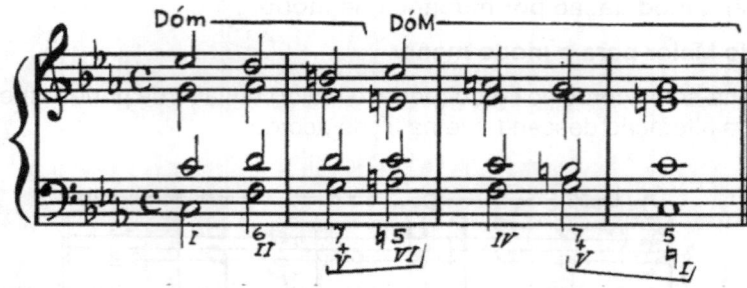

A **modulação por mudança de modo** melhor caracterizada é a que se faz sobre o I grau, alterando a 3ª do acorde.

Modulação subentendida

Consiste em fazer a **modulação** para qualquer tom vizinho (seja pela nota característica do acorde da dominante ou seja pelo acorde comum) porém, no momento de resolver o acorde do V ou VII grau do novo tom, faz-se a **resolução sobre o tom homônimo**.

Vejamos um exemplo:

O trecho se encontra em **Sol Maior**. Vamos modular para o tom da Dominante – **Ré Maior**, No ato de resolver o acorde do V grau de Ré Maior, a resolução se deu sobre o I grau de **Ré menor** (**tom homônimo**).

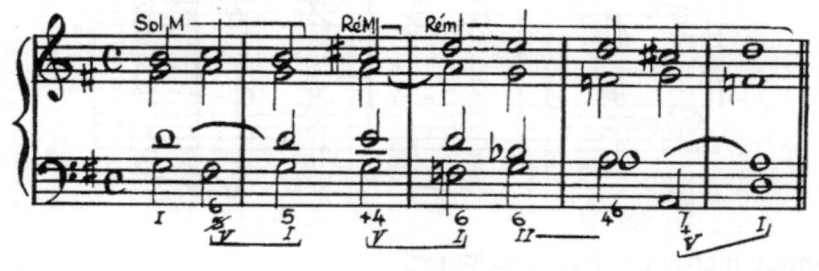

Neste outro exemplo verificamos que:

O trecho se encontra em si b menor. Vamos modular para o tom da Dominante – **Fá menor**. No ato de resolver o acorde dd VII grau de Fá menor, a resolução se deu sobre o I grau de Fá Maior (**tom homônimo**).

Modulação provocada pelo acorde de $\frac{6}{4}$ (em forma de apogiatura)

Lembramos que **o acorde de $\frac{6}{4}$ em forma de apogiatura só é praticado sobre a dominante, resolvendo sobre ela mesma** (ver unidade 8).

HARMONIA - DA CONCEPÇÃO BÁSICA À EXPRESSÃO CONTEMPORÂNEA

Assim, se usarmos o acorde de $\frac{6}{4}$ nestas condições, em qualquer outro grau que não seja o V (dominante), este grau, imediatamente, passará a funcionar como um **V grau,** ou seja, como uma nova **dominante,** e **provocará obrigatoriamente modulação.**

Esta **modulação** se processará para o tom do qual seja **V grau** (dominante), **a nota do baixo onde foi empregado o acorde de $\frac{6}{4}$**

Analisando os exemplos acima comprovamos esta **modulação:**

a) o trecho se inicia em Ré Maior; no 5º compasso encontra-se um **acorde de $\frac{6}{4}$ em forma de apogiatura** sobre a nota **dó sustenido** (sensível – VII grau – de Ré Maior). Esta nota, de acordo com a cifragem, transformou-se em V grau de Fá # Maior ou menores $4\genfrac{}{}{0pt}{}{6\ 5}{-\ V}$). Foi provocada a **modulação** (através o acorde de $\frac{6}{4}$ em forma de apogiatura) para o tom de Fá # Maior **(homônimo** de Fá # menor, que é vizinho indireto de Ré Maior).

b) o trecho se inicia em **Dó menor;** no 3º compasso encontra-se um **acorde de $\frac{6}{4}$ em forma de apogiatura** sobre a nota **dó** (tônica – I grau – de Dó menor).

Esta nota, conforme vemos pela cifragem, transformou-se em V grau de Fá Maior ($4\genfrac{}{}{0pt}{}{6\ 5}{-\ V}$), Este acorde provocou a **modulação** para **Fá Maior** (homônimo de Fá menor, que é vizinho direto de **Dó menor).**

Pelos acordes de empréstimo

Já estudamos esses acordes na Unidade 26.

A **modulação** efetuada pelos **acordes de empréstimo** se processa da seguinte forma: emprega-se um dos **acordes de empréstimo** e passa-se a considerá-lo como **outro grau qualquer** pertinente a um **novo tom,** isto é, ao **novo tom** para o qual se efetua a **modulação**.

Analisando os exemplos acima evidenciamos a **modulação** pelo meio proposto:

a) o trecho é iniciado em **Dó Maior;** no 3° compasso encontra-se **um acorde de empréstimo** – IV grau de Dó menor (tom homônimo), servindo a **Dó Maior.** Entretanto, este acorde é, verdadeiramente, o VI grau de Lá*b* Maior, para cujo tom se efetua a **modulação**.

b) o trecho é iniciado em **Mi Maior;** no 4° compasso encontra-se um **acorde de empréstimo** – VI grau de Mi menor (tom homônimo), servindo a **Mi Maior.**

Todavia, este acorde é, verdadeiramente o I grau de Dó Maior, ou seja, o tom para o qual se realizou a **modulação**.

Este processo é chamado por alguns tratadistas de – **modulação por equívoco.** Isto, pelo fato de subentender-se um grau aparente, ou seja, um dos acordes de empréstimo, quando na verdade, esse grau não faz sentir efetivamente o seu significado. Ponderemos, então, que, **equívoco,** realmente, não há, porquanto a **modulação** é mesmo notada, encaminhada e sentida para o **novo tom** proposto. Eis porque, discordamos desta denominação.

Chamamos a atenção para o seguinte:

Todos os processos de **modulação** de que trata esta unidade, são realizados através a utilização dos graus de empréstimo dos **tons homônimos.**

HARMONIA - DA CONCEPÇÃO BÁSICA À EXPRESSÃO CONTEMPORÂNEA   **135**

EXERCÍCIOS

1 – Baixo dado para emprego da **modulação por mudança de modo.**

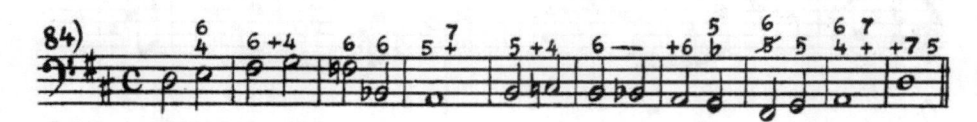

Canto dado: Idem

2 – Baixo dado para emprego da **modulação subentendida.**

Canto: Idem

3 – Baixo dado para emprego da **modulação pelo acorde de 4^6** (forma de apogiatura)

Canto dado: Idem

Baixo dado para emprego da **modulação pelos acordes de empréstimo.**

Canto dado modulante

UNIDADE 30
RESOLUÇÃO EXCEPCIONAL DOS ACORDES DISSONANTES

Já sabemos que qualquer **acorde dissonante possui notas atrativas:** que tais notas têm **movimento obrigatório,** e que a esse passo espontâneo dá-se o nome de **resolução natural.**

Quando **uma** ou **mais notas atrativas deixam de resolver naturalmente, a resolução do acorde dissonante** (seja ele **dissonante natural ou artificial)** é considerada **excepcional.** E ainda, a **resolução excepcional** para ser bem caracterizada deverá **recair sobre o V ou VII grau de outro tom.**

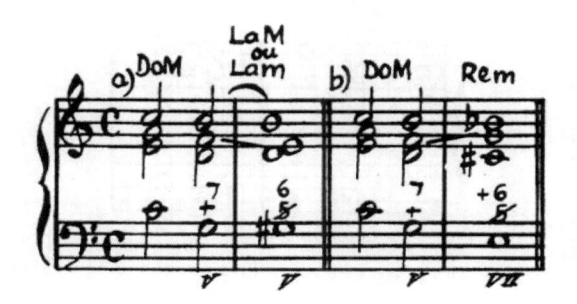

Observando os exemplos encontramos:

a) – V grau de Dó M – a **sensível** deixou de resolver sobre a tónica e – **foi prolongada, a 7ª do acorde** (7ª da Dominante) resolveu naturalmente. O acorde de 7ª da Dominante (V grau) de Dó maior **resolveu excepcionalmente** sobre o V grau do tom de Lá (maior ou menor).

b) – V grau (7ª da Dominante) de Dó M – a **sensível** (não resolveu sobre a tónica) **desceu um semitom cromático (resolução excepcional).**

A **7ª do acorde** (não desceu por grau conjunto) **subiu um tom (resolução excepcional).**

O acorde de 7ª da Dominante (V grau) de Dó maior **resolveu excepcionalmente** sobre o VII grau do tom de Ré menor.

Qualquer nota atrativa que **não caminhe em resolução natural**, está em **resolução excepcional,** seja **qual for o passo melódico** ou mesmo, se **prolongando.**

Toda **resolução excepcional** se processa nos seguintes encadeamentos:

V–V (de outro tom) – V–VII (de outro tom) – VII–VÍI (de outro tom) – VII–V (de outro tom).

Como vimos, qualquer **resolução excepcional provoca modulação**. E a modulação tanto pode ser para **tom vizinho** ou **próximo**, como para **tom afastado**.

Nos exemplos dados, verificamos que a primeira **resolução excepcional** (a) provocou modulação para **tom vizinho** (Lá menor) ou para **tom próximo** (Lá maior). A segunda (b), provocou modulação para **tom vizinho** (Ré menor).

Vejamos esta **resolução excepcional** que vai provocar **modulação para tom afastado**:

Analisando:

O V grau (acorde de 7ª Dominante) de Dó Maior, **resolveu excepcionalmente** sobre o V grau de Mi♭ Maior, **modulando para tom afastado** (de Dó M para Mi♭M). As duas notas atrativas (sensível e 7ª do acorde de 7ª da Dominante) resolvem, ambas, **excepcionalmente**: a **sensível**, **descendo um semitom cromático** e a **7ª do acorde**, **prolongada**.

A **resolução excepcional** da 7ª do acorde de 7ª da Dominante, se faz também em **salto de 4ª** e com muito bom efeito.

Observem, nestes dois exemplos, a elegância com que se conduzem o **baixo** e o **soprano**. Caminham **por movimento contrário**, uma voz **em fragmento de escala ascendente**; outra voz – em **movimento cromático descendente**.

Todos os exemplos apontados são de **resoluções excepcionais do acorde de 7ª da Dominante**.

Temos no exemplo seguinte uma **resolução excepcional do acorde de 7ª da sensível, modulando** para **tom vizinho** ou **tom próximo**.

Analisando:

O VII grau (7ª da Sensível) de Dó maior resolveu **excepcionalmente** sobre o VII grau (7ª diminuta) de Ré m, que **resolveu naturalmente,** sobre o I grau de Ré m (tom vizinho) ou Ré M (tom próximo). Das três notas atrativas do acorde de 7ª da Sensível, a 5ª e a 7ª fizeram resolução natural, a sensível desceu um semitom cromático **(resolução excepcional)**.

Vejamos agora, uma **resolução excepcional do acorde de 7ª diminuta**.

Analisemos:

Trata-se da **resolução excepcional** do acorde de **7ª diminuta** de Dó menor, que se encadeou sobre o V grau (7ª da Dominante) do tom de Ré M ou Ré m (ambos tons afastados de Dó menor).

As três notas atrativas tiveram **resolução excepcional: a sensível subiu um tom;** a 5ª, **subiu** por **grau** conjunto e a **7ª, subiu um semitom cromático**.

Observemos agora, esta **resolução excepcional** também **do acorde de 7ª diminuta**.

Temos o acorde de **7ª diminuta** de Dó menor com **resolução excepcional da sensível (prolongada),** resolução natural da **5ª** e **resolução excepcional** da 7ª (por enarmonia), que resultou em acorde de 7ª da Dominante (V grau), provocando **modulação** para **tom afastado (Lá m ou** Lá M).

Vejamos a **resolução excepcional** dos acordes de 9ª.

Analisemos:

a) – **acorde de 9ª maior da Dominante** – a **9ª subiu** um tom **(resolução excepcional);** a **7ª** resolveu naturalmente; a **sensível saltou uma 3ª (resolução excepcional)** – o acorde de 9ª M de Dó maior resolveu sobre o V grau de Lá (maior ou menor).

b) – idem – **a 9ª subiu** um tom **(resolução excepcional);** a **7ª foi prolongada (resolução excepcional);** a **sensível saltou** uma 3ª (resolução excepcional) – o acorde de 9ª M de Dó M resolveu sobre o VII grau de Lá (maior ou menor).

c) – idem – **a 9ª foi prolongada** (resolução excepcional); a **7ª** e a **sensível** resolveram naturalmente – o acorde de 9ª M de Dó maior resolveu sobre o VII grau de Sol (maior ou menor).

d) – **acorde de 9ª menor da Dominante** – a **9ª** e a **7ª** resolveram naturalmente; a **sensível desceu** 1 tom (resolução excepcional) – o acorde de 9ª m de Dó menor resolveu sobre o V grau de Ré (maior ou menor).

e) – idem – **a 9ª e a 7ª resolveram subindo** um semitom cromático (resolução excepcional); a **sensível** resolveu naturalmente – o acorde de 9ª m de Dó m resolveu sobre o V grau de Sol (maior ou menor).

f) – idem – a **9ª** e a **7ª** resolveram naturalmente; a **sensível desceu** um semitom cromático **(resolução excepcional)** – o acorde de 9ª m de Dó m resolveu sobre o V grau de Fá (maior ou menor).

HARMONIA - DA CONCEPÇÃO BÁSICA À EXPRESSÃO CONTEMPORÂNEA 141

Observação: também se pode fazer a **resolução excepcional** de um **acorde dissonante natural,** fazendo a **resolução natural de todas as suas notas atrativas.** É preciso apenas que o **acorde dissonante natural** resolva sobre o V ou **VII** grau de outro tom, o que provocará obviamente uma **modulação.** Deduz-se daí que a característica principal da **resolução excepcional dos acordes dissonantes é a modulação** por ela provocada.

Até agora mostramos a **resolução excepcional** de **acordes dissonantes naturais.** Passemos então, a esse tipo de resolução nos acordes dissonantes artificiais.
Resolução excepcional dos acordes de 7ª e 9ª sobre-tônica.

Analisemos:

a) – **acorde de 7ª da Dominante sobre-tônica (de Dó M)** – com resolução natural da **7ª** – **resolução excepcional da sensível** (desceu um semitom cromático) – resolveu sobre o V grau de Fá M ou m.

b) – idem (com supressão da sensível) – com **resolução excepcional da 7ª** (subiu um semitom cromático) – resolveu sobre o VII grau de Mi m.

c) – **acorde de 7ª da sensível sobre-tônica (de Dó M)** – a **resolução excepcional da sensível** (desceu um tom); **resolução excepcional da 7ª** (saltou uma 3ª) e resolução natural da 5ª – resolveu sobr.e o VII grau de Sol Maior.

d) – **acorde de 9ª M da Dominante sobre-tônica (de Dó M)** – a **resolução excepcional da 9ª** (subiu um semitom); **resolução natural da 7ª**; supressão da sensível – resolveu sobre o V grau de Fá – este V grau de Fá fez **resolução excepcional** sobre o acorde de 7ª da Dominante sobre-tônica de Dó M.

Resolução excepcional dos acordes de 7ª juntada.

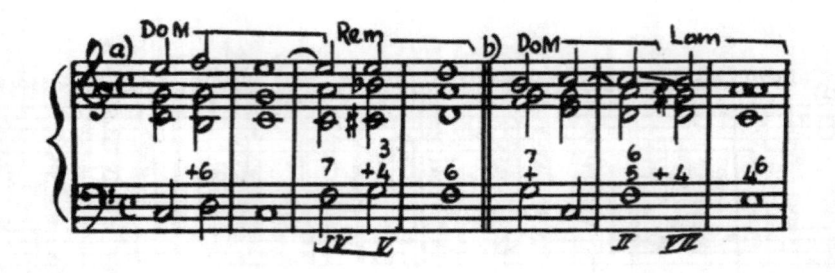

Vejamos:

a) – **acorde de 7ª juntada do IV grau de Dó M** – com **resolução prolongada da 7ª (resolução excepcional)** – este acorde resolveu **excepcionalmente** sobre o VII grau de Ré menor.

b) – **acorde de 7ª juntada do II grau de Dó M** – com resolução natural da 7ª – todavia, **resolveu excepcionalmente** sobre o VII grau de Ré menor, provocando modulação.

EXERCÍCIOS

Baixo dado – para emprego da **resolução excepcional** do acorde de 7ª da Dominante.

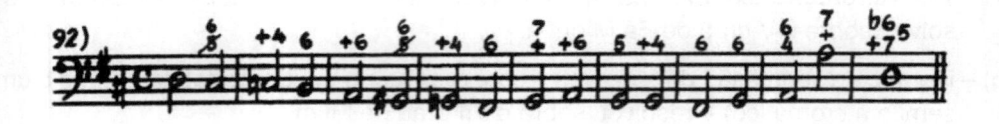

Canto dado – Idem

93)

Canto dado – Idem

94)

UNIDADE 31
FALSA RELAÇÃO

Falsa relação é o nome que se dá ao intervalo formado por duas notas, pertencendo cada uma a um acorde diferente, porém sucessivos, e cujo intervalo possa, de qualquer forma, ferir o bom efeito do conjunto harmônico.

Há três tipos de intervalos dessa natureza e que provocam a:

1) – **falsa relação do trítono.**

2) – **falsa relação cromática.**

3) – **falsa relação de 8ª.**

As notas que provocam a **falsa relação** aparecem, como já dissemos, em acordes sucessivos e em **vozes diferentes.**

1) – **Falsa relação do trítono.**

Trata-se do intervalo de **4ª aumentada** formado pelos graus da escala – 4º e 7º – distribuídos em dois acordes que se encadeiam sucessivamente.

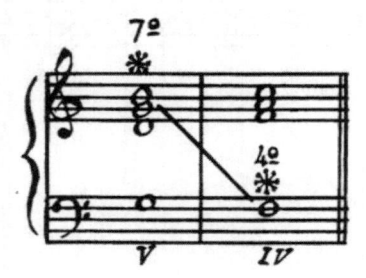

Este era o intervalo considerado, em épocas remotas, de tão "mau efeito" que o chamavam "diabulus in musica".

De há muito tal intervalo perdeu esta significação, uma vez que, combinações de sons simultâneos foram tomando rumos mais livres, independentes e o ouvido se tornou afeito a combinações harmônicas mais avançadas.

Assim sendo, a **falsa relação do trítono,** praticamente, deixou de existir. Verifica-se, contudo, que o encadeamento que acabamos de citar como exemplo deste, tipo de **falsa relação,** será mais suave e agradável se o colocarmos nesta outra posição:

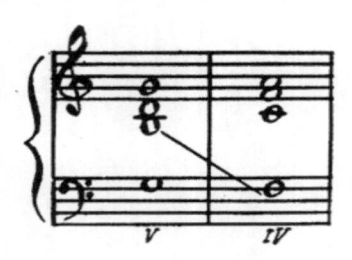

HARMONIA - DA CONCEPÇÃO BÁSICA À EXPRESSÃO CONTEMPORÂNEA

Observa-se que a **falsa relação do trítono** continua presente neste exemplo. Todavia, o encadeamento V–IV nesta posição é realmente mais harmonioso. Trata-se do seguinte: no exemplo anterior a sensível se encontra na parte superior e, seguindo sua tendência natural subiu à tónica, ocasionando uma 5ª justa com o respectivo baixo do acorde. Já no exemplo seguinte, a sensível se encontra em parte intermediária, segue sua resolução natural e a parte superior do acorde faz com o respectivo baixo intervalo de 3ª (consonância variável) que é, indiscutivelmente, intervalo mais suave que a 5ª justa (consonância invariável).

Vamos comparar os dois encadeamentos, lado a lado, para melhor compreensão.

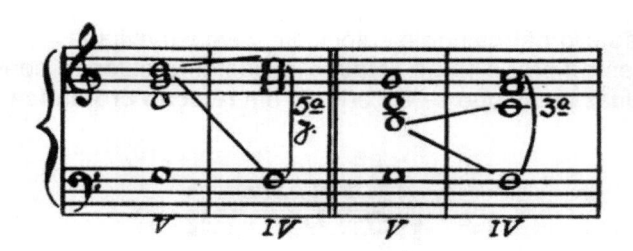

É por esta razão que, ao estudarmos a **"Escolha dos acordes para bons encadeamentos"** – **"Cifragem do baixo"** (Unidade 17), aconselhamos que o encadeamento V–IV (ambos no estado fundamental) seja praticado evitando a colocação da sensível (que se encontra no V grau) na parte superior. Ao passo que, se o IV grau estiver na 1ª inversão a sensível poderá, com bom resultado, ocupar a parte superior. Isto porque, no IV grau, a parte superior e o baixo farão intervalo de 3ª (consonância variável) ou seja, de efeito mais brando.

2) – **Falsa relação cromática.**
Dá-se a **falsa relação cromática** quando ao encadear-se dois acordes há notas em **relação cromática** (semitonada) entre ambos, e tais notas se encontram, no conjunto harmónico, em vozes diferentes.

A **falsa relação cromática** não é eufônica e deve ser evitada.
Para corrigir este tipo de **falsa relação** é bastante colocar, consecutivamente, na mesma voz, as duas notas que se encontram em **relação cromática.**

3) – **Falsa relação de 8ª.**
É caso bastante semelhante ao anterior.
Trata-se de uma **falsa relação cromática,** onde o cromatismo se dá guardando de uma nota para outra, intervalo de 8ª.

Por não ser agradável esta **falsa relação,** poderá ser corrigida da mesma forma com que se corrigiu e evitou a **falsa relação cromática,** isto é, colocando o cromatismo na mesma voz.

Para a **falsa relação de 8ª** condições há, entretanto, de empregá-la, com bom resultado para a realização harmônica.

A mais comum, e de muito bom efeito, é a seguinte: **quando a segunda nota da falsa relação de 8ª é a sensível do tom.** Neste caso, a **falsa relação de 8ª** se dará provocando modulação.

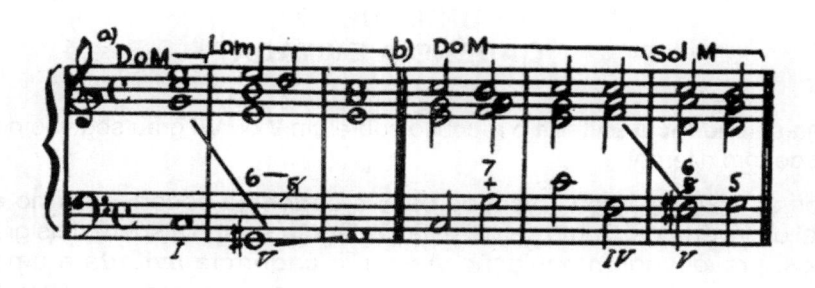

Analisando:

a) – **A falsa relação de 8ª** aconteceu no encadeamento do I grau de Dó maior para o V grau de Lá m, e a segunda nota da **falsa relação é a** sensível de Lá m.

b) – Idem, no encadeamento do IV grau de Dó M para o V grau de Sol M, sendo a segunda nota da **falsa relação** a sensível de Sol M.

Outras condições há para o uso da **falsa relação de 8ª**, todavia, como dependem do manejo de **"notas melódicas",** e esse assunto, por circunstâncias didáticas será abordado oportunamente[1]– deixamos para comentá-lo no momento em que se fizer oportuno.

(1) Assunto tratado no 2º volume desta obra.

UNIDADE 32
CADENCIA EVITADA

Chama-se **cadência evitada** o repouso sobre um V ou VII grau seguido de outro V ou VI I grau de tom diferente.

Ambos os acordes que servem de base à **cadência** podem estar no estado fundamental ou invertidos. Como se vê, esta **cadência** se apoia sobre dois graus de tons diferentes, provocando modulação. Assim, a **cadência evitada** é uma cadência **modulante** e resulta da resolução excepcional de um acorde do V ou do VII grau.

Favorece pois, a modulação para tons vizinhos, próximos ou afastados. Contudo, a modulação provocada pela **cadência** pode ser apenas passageira ou mesmo, não chegar a ser concretizado o novo tom sugerido pelo repouso em um V ou VII grau de tom que não é o que verdadeiramente se espera.

Eis porque se dá ao término de uma frase ou membro de frase que se apoia em encadeamento tão inesperado o nome de **cadência evitada,** cujo efeito é, forçosamente, **suspensivo.**

Por este motivo usa-se esta **cadência,** de preferência, no decorrer do trecho.

Entretanto, também pode ser empregada na terminação de um período, principalmente, se for feita a confirmação com a **cadência plagal.**

HARMONIA - Da Concepção Básica à Expressão Contemporânea

EXERCÍCIOS

Baixo dado – para emprego da cadência evitada.

Canto dado – Idem

UNIDADE 33
Marchas (progressões) formadas com acordes de 7ª
(com acordes de 7ª juntada — com acordes de 7ª da Dominante — com acordes de 7ª Diminuta)

Para realizar **marchas (progressões)** com acordes de 7ª (de qualquer espécie), observa-se que – as **fundamentais** dos acordes devem proceder por intervalos de 4as ou 5as, **ascendentes** ou **descendentes**.

a) marcha com acordes de 7ª juntada
b) marcha com acordes de 7ª da Dominante

Marchas com acordes de 7ª juntada

No decorrer dessas marchas, formadas com **acordes artificiais (acordes de 7ª juntada)**, e que são unitônicas, aparecem também, de permeio, o acorde de 7ª da Dominante, ou o acorde de 7ª da Sensível, ou o de 7ª Diminuta **(acordes naturais)**, isto para que não seja violada a uniformidade da progressão. Neste caso, os acordes da **7ª naturais** devem ser tratados como acordes de **7ª artificiais,** ou seja, como acordes de **7ª juntada.**

Todavia, quando quaisquer desses **acordes naturais** terminam a progressão, devem ter resolução natural ou mesmo excepcional, contanto que sejam tratados na sua verdadeira função.

Nessas marchas, para evitar 5as consecutivas sem nenhum valor harmónico e para alcançar boa disposição das notas entre as vozes, convém atentar para as seguintes recomendações:

1) se ambos os acordes do modelo se acham no estado fundamental – um dos dois acordes deve ficar incompleto (sem a 5ª), e este, por sua vez, terá o **baixo dobrado**.

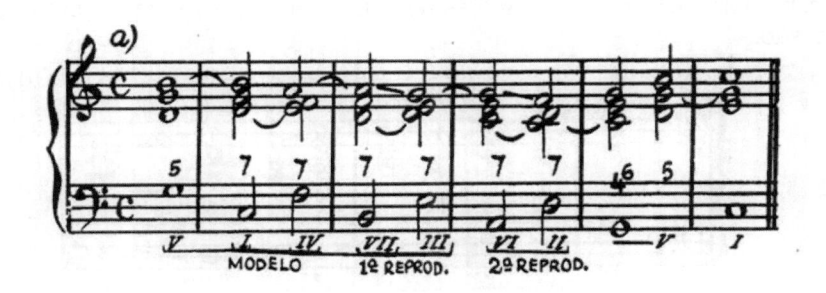

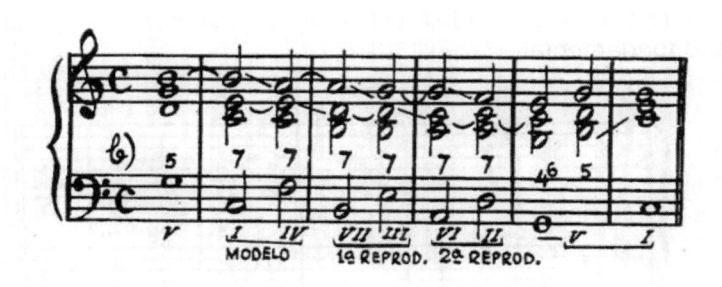

a) o primeiro acorde do modelo está completo, e o segundo acorde, incompleto, (sem a 5ª – baixo dobrado).

b) o primeiro acorde está incompleto (sem a 5ª – baixo dobrado), e o segundo acorde, completo.

2) Para que todos os acordes fiquem completos:

a) se o primeiro acorde do modelo está no estado fundamental, o segundo acorde ficará na 2ª inversão.

b) se o primeiro acorde do modelo está na 1ª inversão, o segundo acorde ficará na 3ª inversão.

c) se o primeiro acorde do modelo estiver na 2ª inversão, o segundo acorde ficará no estado fundamental.

d) se o primeiro acorde do modelo estiver na 3ª inversão, o 2º acorde ficará na 1ª inversão.

Marchas com acordes de 7ª da Dominante

Essas marchas são **modulantes,** uma vez que os dois acordes do modelo, bem como os das várias reproduções pertencem, cada qual, a um tom diferente, e terão sempre resolução excepcional.

Somente o último acorde da **marcha** poderá ter resolução natural, se assim o convier.

Todas as observações feitas em relação às **marchas com acordes de 7ª juntada** devem ser aqui também respeitadas, para se alcançar uma realização satisfatória ao bom gosto da arte de harmonizar.

Veiamos:

1) Ambos os acordes do modelo no estado fundamental – um dos dois ficará incompleto.

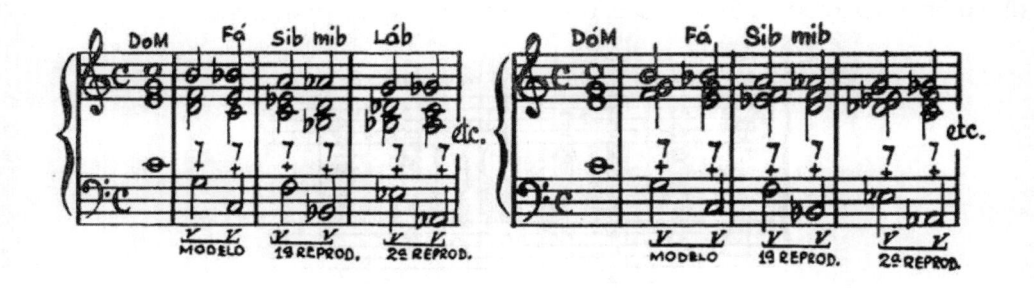

2) Para que todos os acordes fiquem completos:
a) o primeiro acorde no estado fundamental, o segundo acorde na 2ª inversão.

b) o primeiro acorde na 1ª inversão, o segundo acorde na 3ª inversão.

c) o primeiro acorde na 2ª inversão, o segundo acorde no estado fundamental.

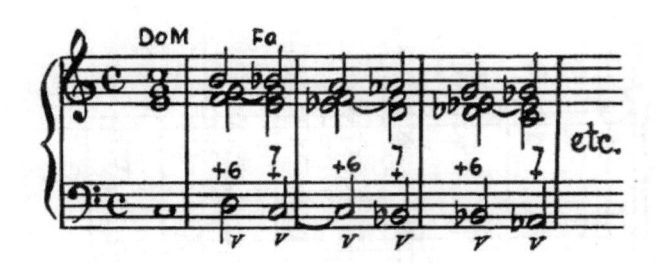

d) o primeiro acorde na 3ª inversão, o segundo acorde na 1ª inversão.

É interessante observar que, nas marchas com acordes de 7ª Dominante, duas vozes caminham em escala cromática descendente.

MARCHAS COM ACORDES DE 7ª DIMINUTA

Essas marchas são também **modulantes,** pêlos mesmos motivos que apontamos nas marchas com Acordes de 7ª da Dominante.

Da mesma forma, os acordes que as formam têm também resolução excepcional, sendo que o último poderá ter resolução natural.

Entretanto, como todas **as 4 vozes** aí caminham em escala cromática descendente, e as 5ªs que se encontram na formação do acorde de 7ª Diminuta são também diminutas, não há necessidade de sistematizar em diferentes inversões, a maneira de dispor os acordes do modelo e consequentemente das reproduções.

Por esse motivo, nas **Marchas com acordes de 7ª Diminuta** todos os acordes permanecerão sempre no mesmo estado, seja ele estado fundamental ou em qualquer das inversões.

Aí temos os exemplos que melhor esclarecerão nossas palavras:

a) Todos os acordes no estado fundamental:

b) Todos os acordes na 1ª inversão:

c) Todos os acordes na 2ª inversão:

d) Todos os acordes na 3ª inversão:

EXERCÍCIOS

97) **Baixo dado** – para emprego de marchas com acordes de 7ª juntada, devendo ficar completo o 1ª acorde do modelo.

b) Repetir o **Baixo dado** acima, devendo ficar completo o 2º acorde do modelo.

c) **Baixos dados** – devendo ficar completo ambos os acordes do modelo.

98) **Baixo dado** – idem, com **acordes de 7ª da Dominante**, devendo ficar completo o 1º acorde do modelo.

b) Repetir o Baixo dado anterior, devendo ficar completo o 2º acorde do modelo.

c) d) – e) – f) – idem, devendo ficar completos ambos os acordes do modelo (observar as inversões dos acordes).

HARMONIA - DA CONCEPÇÃO BÁSICA À EXPRESSÃO CONTEMPORÂNEA **157**

99) **Baixo dado** – para emprego de marchas com acordes de 7ª Diminuta. Todos os acordes podem ficar completos. Ambos os acordes do modelo no estado fundamental.

a) [partitura musical]

b) c) – d) – Repetir o Baixo dado anterior, usando em cada um, respectivamente, a 1ª, 2ª, e 3ª inversões.

100) **Canto dado** – para emprego de marchas com acordes de 7ª juntada.

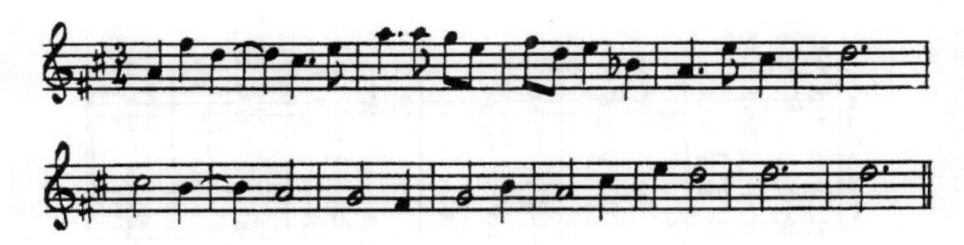

[partitura musical]

101) **Baixo dado** – para emprego de acordes de 7ª juntada.

[partitura musical]

102) **Canto dado** – idem e marcha com acordes de 7ª da Dominante ou 7ª Diminuta.

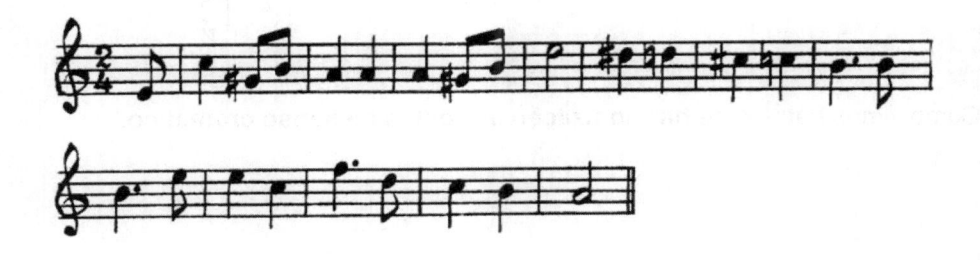

[partitura musical]

UNIDADE 34
HARMONIZAÇÃO CROMÁTICA UNITÔNICA

Sabemos que o **cromatismo** sem o artifício de notas melódicas, ou seja, baseado em notas **puramente reais**, via de regra, é **modulante**.

Porém, é possível o emprego da **harmonização cromática unitônica**, fundamentada exclusivamente em **notas reais**.

Para isso, lançamos mão não somente de acordes dissonantes naturais, mas também de acordes dissonantes artificiais, tais como os acordes de 7ª por prolongação e os acordes alterados, sempre, entretanto, conservando o mesmo tom.

Cromatismo no **baixo**.

Cromatismo no **canto**.

Como vimos trata-se de **harmonização unitônica de senso cromático**.

Cantos dados e Baixos dados Variados
(unitônicos e modulantes)

103)

104)

105)

106)

107)

108)

109)

110)

111)

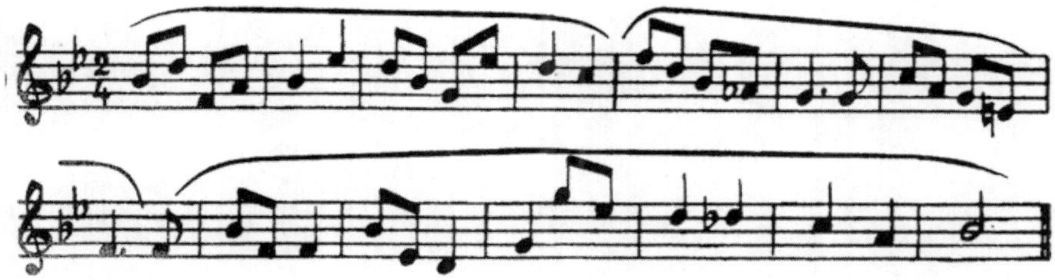

112)

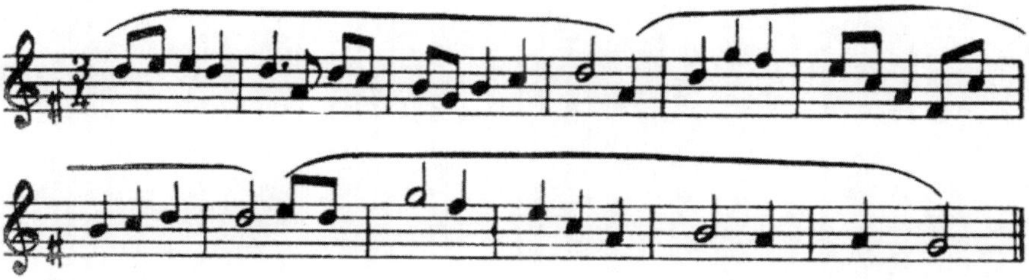

113)

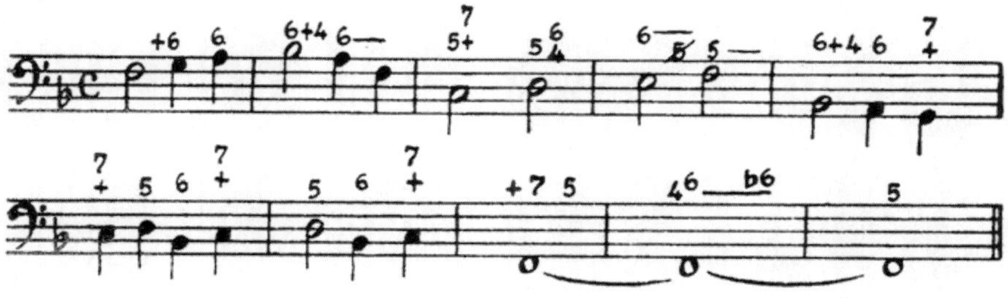

114)

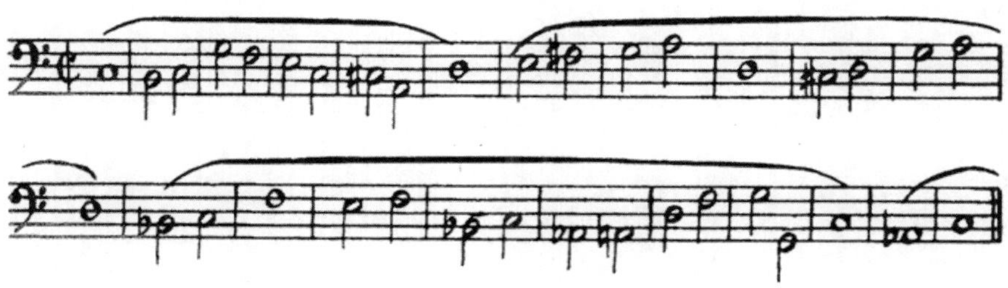

115)

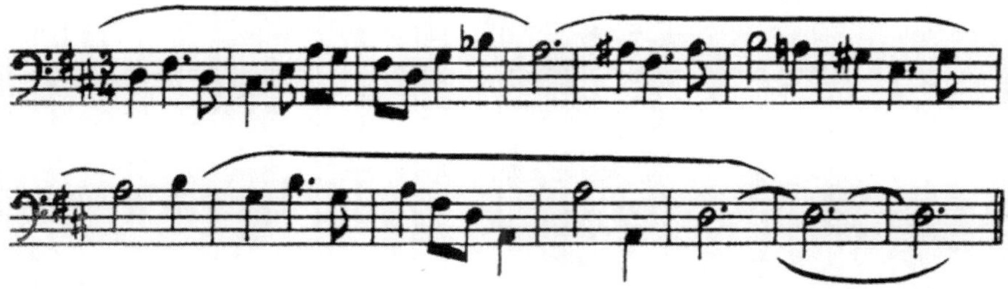

UNIGRÁFICAS
www.unigraficas.com.br